50代

仕事に困らない人は見えないところで何をしているのか

AKIHIRO NAKATANI
中谷彰宏

青春出版社

出会った人が
運命の人。
出会った出来事が
運命の出来事だ。

中谷彰宏

この本は、
3人のために
書きました。

1
「あなたと一緒に仕事をしたい」と言われたい人。

2
再就職で、どこかの会社に雇ってもらえるか、心配な人。

3
仕事が途切れないようになりたい人。

まえがき

01 お金に困らない人より、仕事に困らない人になる。

お金に困らない人は、いつもお金より仕事のことを考えています。

「どうしたらお金が入るか」ということを先に考える人に、仕事を頼みたい人はいません。

お金の悩みから、すべてのことが起こります。

お金のことについて考えている人ほどお金に困るようになります。

「どうしたらお金で困らないようになるでしょうか」と相談する発想を切りかえればいいのです。

「なぜ自分に仕事が来ないのか」と考えればいいのです。

たとえば、「作家になりたい」と言う人がいます。

印税のことを先に考えている人は、作家になるのは難しいです。

最初に必要なのは「何を書きたいか」です。

「何を書けば売れますか」と考える人の書く本は売れません。

世の中にこびていると、流行《はや》っているものを後追いしてレッドオーシャンに巻き込まれます。

大切なことは、いかに「この人に仕事を頼みたい」と思われるかです。

「この人と一緒に働きたい」と思われるかどうかが分かれ目になるのです。


お金の次に多いのが、「どうしたら結婚できますか」「どこに行けば出会いがありますか」という恋愛に関する質問です。

この質問は、発想自体がずれています。

出会いがあっても、自分が選ばれなければチャンスがありません。

人が大勢いるところに行っても、恋愛もしていないのに、最初から「この人と結婚したい」とは思われません。

「この人、感じいいな」「この人とごはんを食べたいな」と思われるのが、まず第一段階です。

「どうしたら結婚届にハンコを押してもらえますか」という方向に気持ちがいっている人は、発想自体を変えるのです。

「あなたと一緒に働きたい」とは、お金よりも仕事を大切に考える発想です。最初から「お金に困らないためには」という発想をする人とは、一緒に働きたいと思わないのです。

「御社で働きたいんですが、給料はいくらもらえますか」と質問する人は雇いたくありません。

収入のことを考えていても、お金の問題ではないところから一緒に仕事を始めたいのです。

一生仕事に困らないために

01

「あなたと一緒に働きたい」と思われよう。

01 「あなたと一緒に働きたい」と思われよう。

02 断られたら、プランBを考えよう。

03 出会った時のために、出会う前から準備しよう。

04 すべての状況を、面接と考えよう。

05 待つ姿勢を、見られていると気づこう。

06 神社に参拝して、姿勢を正そう。

07 メールを、テンプレートで送らない。

08 襟を清潔にしよう。

09 ネクタイを、緩まないように締めよう。

10 自分の遅さに、気づこう。

11 同じ予算を、まとめて使おう。

12 「なんで、不採用なんですか」と聞かずに、考えよう。

13 スタッフに、嫌われないようにしよう。
14 何かで、働く厳しさを学ぼう。
15 「足手まとい」になっている自分に気づこう。
16 優しく注意されていることに気づこう。
17 時給として働くのではなく、修行として働こう。
18 暗くならない。
19 自分に足りないものを、自分で見つけよう。
20 「見る目がない」と言わない。
21 緊張する体験を積み重ねよう。
22 「採用」の前に「手伝い」をさせてもらえるようになろう。
23 手伝うことは、自分で見つけよう。
24 参加者のキャラを覚えよう。

25 信頼してもらうために、まず覚えてもらおう。
26 見えないアイデアより、見える信頼で勝負しよう。
27 仕事以外で会いたくなるように、勉強と体験をしよう。
28 仕事以外の人と会おう。
29 読書の途中で、動き出そう。
30 事後価値を手に入れよう。
31 評価されない仕事を、コツコツやろう。
32 仕事の職人になろう。
33 メニューにない「細かい隠れオーダー」を覚えよう。
34 言葉にならない求めていることに、気づこう。
35 付加価値に、投資しよう。
36 付加価値で、勝負しよう。

37 出会いを求めるより、勉強と体験を求めよう。
38 「売れるかどうか」より、面白がろう。
39 場所を変えずに、働き方を変えよう。
40 「準備万端」を待たない。
41 プロセスを楽しもう。
42 アドバイスを、否定しない。
43 相手を受け入れて、自分も生かそう。
44 勧められたら、行ってみよう。
45 早いほうを、選ぼう。
46 選ばない。
47 「自分ごと」にしよう。
48 考え続けよう。

49 工夫を、とめない。
50 ツッコまれよう。
51 なければ、自分でつくろう。
52 「したい、したい」と言う前に、しよう。
53 開き直ろう。
54 形にしよう。
55 絵をイメージさせる工夫をしよう。
56 オーダーを一番にしよう。
57 否定されたら、「だったら、こうしよう」とアイデアをさらに出そう。
58 「自分らしくない」不安定な状況に身を置こう。
59 いつもの仲間で、群れない。
60 走りまわって、本塁で刺されよう。

61 否定より、アイデアに乗ろう。

62 思いつきで話そう。

63 「くだらない」と言われることを、恐れない。

64 同じ話を、何度でも楽しもう。

65 気づく人に気づくことをしよう。

66 自分を捨てよう。

67 ピエロ役になろう。

68 短く、話そう。

69 考える時、作業をとめない。

70 ワンポイントリリーフになろう。

71 めんどくさい仕事を、「この仕事は、自分のためにある」と考えよう。

72 「どんな働き方をしたいか」で、考えよう。

50代「仕事に困らない人」は
見えないところで何をしているのか――目　次

まえがき

01　お金に困らない人より、仕事に困らない人になる。……5

第1章　準備1つで、「一緒に仕事をしたい」と思われる。

02　採用される方法は、4つある。
スカウト・面接・敗者復活・横入り。……24

03　誘われる時は、一瞬。誘われなければ、何かが足りない。
スカウトされる人は、ふだんからコツコツ準備している。……28

04　面接では、マナーで決まる。……33

05 ハローワークと銀行では、待っている時の姿勢で決まる。…… 36
06 お寺や神社を参拝して、姿勢を正す。…… 40
07 「こんにちは、中谷彰宏さん」というメールは、なりすましメールだ。…… 43
08 清潔感は、服装で出る。清潔感とは、その人と一緒に鍋を食べることができるかだ。…… 46
09 時間にルーズな人は、ネクタイが緩んでいる。…… 49
10 遅さは、自分で気づけない。…… 53
11 出張先のお店で覚えてもらえる人は、1泊2日で、3回同じ店に来る人。…… 56
12 受け身の人は、甘えになる。甘えの人は、会話に出る。…… 60
13 社長より、スタッフに嫌われない。…… 62
14 覚悟のある人は、働くことの厳しさを何かで学んでいる。…… 64

15 「育ててもらいたい」と言う人は、足手まといになることに、気づいていない。……67
16 「変わったね」と言われて、喜ばない。……71

第2章 小さな仕事をコツコツやって、信頼を得る。

17 お金を払ってでも働きたいと思える。……76
18 敗者復活のチャンスを残すには、断られた時、明るくすること。……79
19 何も変えないで、「当たって砕けろ」は、ストーカーになる。……81
20 採用する側の眼力を、信じる。……84
21 断られた時、言い訳しない。どんな状況でも、緊張しない。緊張する人は、仕事で使えない。……86
22 「手伝ってほしい」と言われるようになる。「採用」の前に「手伝い」の段階がある。……89

23 「手伝えることがあったら、言ってください」は、手伝わせてもらえない。手伝いは、いつの間にかしている。……91
24 会に来ていないのに、「受付をさせてください」は、採用されない。……94
25 信頼をつくらないと、手伝わせてもらえない。……98
26 アイデアを採用してもらうのも、信頼がいる。……101
27 仕事以外でも、会いたい人になる。……106
28 「知識・体験・発想」は、誰と会っているかで決まる。……109
29 オンラインは、知らない世界を体験するキッカケだ。……111
30 今、手放すものに目を奪われない。未来、手に入る何かを見る。……113
31 小さな仕事を見つけて、コツコツこなす。小さな仕事とは、儲からない仕事だ。……116

第3章　生産性より、付加価値を上げる。

32　職人ほど、融通が利いて、腰が低い。……120
33　お客様の「いつもの」の細かい隠れオーダーを覚える。……122
34　最寄り駅を聞かれたら、シャトルバスの時間を伝える。……124
35　これからは生産性から付加価値の時代になる。……127
36　付加価値を大事にする人が、富裕層になる。……129
37　出会いは、勉強と体験から生まれる。……131
38　「売れますかね」と言う人は、「仕事をしたい」と思われない。……134
39　理想のモノを、手に入れなくていい。「マイ新幹線」を所有しなくていい。……136
40　スタートは「あやふや」でいい。……139
41　現代アートは、プロセスだ。……141

42 「明日は雨らしいよ」と言われて、「天気予報で、晴れって言ってたよ」と言わない。…… 143
43 協調性とは、ガマンしないで、自分を生かすことだ。…… 145
44 「知り合いが働いてるから、聞いてみたら」と言われて、何も聞かず会いに行く。…… 147
45 行き先に関係なく、一番早い便に乗れる。…… 150
46 選ばないで頑張っていると、弥勒菩薩があらわれる。…… 152

第4章　思考と行動のスピードを上げると、チャンスが増える。

47 「ダメだ」「凄い」より、「自分だったらこうする」を常に考える。…… 156
48 「なんで？」と考えるより、「どうしたら解決できるか」を考える。…… 158
49 工夫した後に、もうひと工夫できる。…… 160

50 気づく人は、気づく。……162
51 通っている小学校が不満な時は、自分で小学校をつくる。……166
52 「会社をつくりたい」と言うなら、すぐつくればいい。……169
53 解決しなくても、作戦を考える。作戦は、解決しなくてもできる。……171
54 映像にすることで、抽象的なヒラメキが、具体的なアイデアに変わる。……174
55 絵のないところで、絵を見せよう。……176
56 質問されたら、即答できる。レストランで、オーダーが早い。……178

第5章　面白い仕事を探すより、出会った仕事を面白くする。

57 くだらないアイデアを、出し続ける。…… 182
58 「自分らしさ」にこだわらないことで、新しい自分に出会える。…… 184
59 自分の知らない知識・体験・発想を持っている人に会う。…… 186
60 クイズの理想は、説得力のある理由で、はずれることだ。…… 188
61 他人のアイデアに、アイデアを足せる。…… 190
62 その場で思いついたアイデアを語るのが、一番面白い。…… 192
63 「くだらない」ことを、面白がれる。…… 196
64 くだらないことを共有して楽しめるのが、仲間だ。…… 199
65 変なところに、線を引こう。…… 201

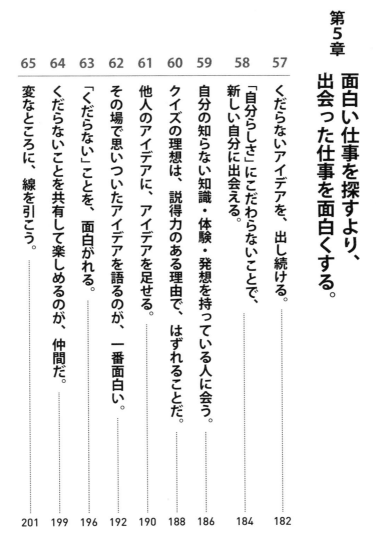

66 自分を捨てて、役になり切れる。……203
67 面白い会社は、キャラができ上がっている。……205
68 動詞で言い切る、短い文章を書く。……207
69 作業しながら、考える。……209
70 「代打」を頼まれる存在になる。……211
71 受けている人が「神回」にする。……213
あとがき
72 天職を探さない。出会った仕事が、天職だ。天職とは、働き方にある。……216

編集協力／遠藤励起

第1章

準備1つで、「一緒に仕事をしたい」と思われる。

02

採用される方法は、4つある。スカウト・面接・敗者復活・横入り。

採用の仕方は拡大しています。
採用される方法は、

① **スカウト**
② **面接**
③ **敗者復活**
④ **横入り**

という4つの順番で起こります。
スカウトされなければ、面接で頑張ります。
面接で落ちたら、敗者復活を考えます。
敗者復活でダメなら、横入りを考えます。

断られた時にプランB、プランC……と、切りかえることが大切です。

人生は面白いことに、プランBのほうが成功しやすいのです。


事前に自分で想定しているものはうまくいきません。

たとえば、当初予定していた企画が諸般の事情でできなくなりました。

仕方なくプランBにすると、プランAが滞りなくいっていた時よりヒットすることが多いのです。

これは、私自身が本を書いている中でも起こります。

プランBは、自分のアイデアとまわりの人たちの協力とか、究極は世の中全体や神様も含めての合作から生まれます。

たった1人の力で考えたプランAより、プランBのほうが必ず面白い展開になり、うまくいきます。

しかも、毎回違う展開になります。

「前にうまくいったからこのやり方にしよう」と前回のプランAの焼き直しばかりをしていると、状況が変わっているのでうまくいかなくなります。

プランBは、今の状況も加味されます。

そのほうがその時代に合ったもの、求められているもので柔軟性があり、自分でも知らなかった力がより引き出されます。

断られた時に、「方法はこれしかない」と思っている人はうまくいきません。

それでは柔軟性がなく、融通がきかないからです。

「一生つきあいたい」と思われることを目指すのは間違っていません。

ただし、一生同じやり方でつきあおうとすると、時代は変わっていくのでうまくいかなくなります。

「一生つきあいたい」というのが目的なら、その時代に合わせたプランBの手段を常に考えます。

これが、人間関係の秘訣《ひけつ》です。

そうしないと、断られた時に、落ち込んで諦めたり、ムリにグリグリ押して、ますます嫌われたりします。

仕事は、能力ではなく人間関係のウエートが大きいのです。

採用する側は、「能力があって人間関係が普通の人」より、「能力が普通で人間関係のいい人」がいる場合、後者を選びます。

人間関係のいい人は、これから能力を入れられます。

能力のある人は、人間関係を拒絶します。

「自分は仕事ができる」と思うと、人間関係を学ぼうとする気持ちがなくなってしまうのです。

しかも、これからの時代、能力でＡＩには勝てません。

上司も、「能力のある上司」と「人間的に魅力のある上司」とに分かれます。

部下が辞める理由は、「上司に人間的魅力がないから」という一点です。

「仕事も会社も好きなんだけど、ちょっと人間関係がね」と言うのはウソです。

ホンネは、上司に魅力がないからです。

上司に魅力がある限り、部下は辞めません。

「なんで辞めるんだ」と言っている時点で、その上司には魅力がありません。

そういうことを言うから、部下は辞めていくのです。

一生仕事に困らないために

02 断られたら、プランBを考えよう。

03

誘われる時は、一瞬。誘われなければ、何かが足りない。スカウトされる人は、ふだんからコツコツ準備している。

「表参道を歩いていたらスカウトされた」とか「友達のオーディションについていったら、友達は落ちて自分が受かった」と、アイドルがよく言うエピソードは本当にあります。

スカウトは、ドラマやアイドルの世界の話だけではありません。

実際、パーティーで知り合った人に「うちの会社に来ない？」と言われます。

私は博報堂時代、リクルートの担当をしていました。

リクルートの宣伝企画部に伺う時はエレベーターに乗ります。

リクルートは自由な会社で、当時は役員も一般社員と同じギューギューのエレベーターに乗っていました。

ある時、私が乗ったエレベーターに眼光の鋭い人が乗っていて「凄《すご》い眼光の人がいるな」と思っていると、宣伝企画部の人が「中谷さん、うちの役員の○○さんです」と紹介してくれました。

挨拶をするやいなや、役員の人に「君、うちに来ないか」と、ひと言目に言われました。

まだなんの話もしていません。

これがスカウトです。

私がアルバイトでライターをしていた時も、企画をしている有名な人のところへ行って取材が終わった後、「君、うちに来ないか」と言われました。

スカウトは、日常茶飯事に起きるのです。

「仕事がない、ない」と言う人は、受け身の姿勢だということです。

雇う側からすると、「優秀な人材がいない」と探しまわっているのです。

スカウトは就職活動の時期だけにあるわけではないのです。

採用される方法として、売り込みはありません。

売り込みの企画も採用も、当たる確率は低いのです。

カルチャーセンターの事務局の人は、「売り込んでくる人で採用するのは100分の0です」と言っていました。

100分の0は、1000分の0でもあります。

カルチャーセンターの人は、いろいろな講演会に顔を出して、常に講師を探しまわっています。

自分たちが見に行った中で、採用するのは100分の1です。

一方、売り込んでくる人の採用は100分の0であり、1万分の0です。

売り込まなければ採用された可能性があっても、売り込んだがために「売り込みか」と思われて、採用はなしになります。

実際は、売り込みで成功した例もあります。

その人は、**売り込みのマイナスを上回る力があったのです。**

または、すでに採用が決まっていて、結果として売り込んだだけにすぎなかったということです。

とてつもない能力がない限り、売り込みは損です。

スカウトは、一瞬です。

リクルートの宣伝企画部は2階にありました。

私がリクルートの役員にスカウトされたのは、1階から2階までのエレベーターの中での出来事です。

裏を返せば、**一瞬で誘われなければスカウトはないということです。**

原因は、よく見てもらえなかったからではありません。

何かが足りないのです。

スカウトされる人とされない人は、持って生まれた何かが違うわけではありません。

スカウトされる人は、ふだんからコツコツ準備をしています。

「出会って一瞬で見抜かれる何かを持っていた」ということです。

スカウトされない人は、長い間、面接の日が決まっていて準備する時間があることに慣れてしまっているために、突然出会った時の対応を何もしていないのです。

スカウトされるためには、24時間、365日、すべての1分1秒が面接だという覚悟でいることです。

「今あの人がスカウトしている」「この人が面接官」というのもわからないまま起こ

るのがスカウトです。

ふだんからすべてのことを準備して、自分をスカウトしてくれる人にいつ出会っても大丈夫なようにしておく必要があります。

オーディションの前日に美容院やエステに行ったり、洋服をつくりに行っても間に合わないのです。

一生仕事に困らないために

03

出会った時のために、出会う前から準備しよう。

04 面接では、マナーで決まる。

面接の合否は、能力では決まりません。

マナーで決まります。

面接は、その会社に就職するための試験だけではありません。

人に仕事を依頼に行くのも面接です。

お客様にセールスマンとしてモノを買っていただくために接するのも面接です。

何かをオススメするのも面接です。

仕事では、すべての状況が面接になります。

会社をクビになることを怖がる理由は、「一度ここをクビになったら、こんなご時世によその会社で雇ってもらえないんじゃないか」と考えるからです。

そのために、今いる会社にしがみつこうとします。

そういう人は余裕がなくなり、どうしたら自分が残るかということばかり考えます。どうしたら仕事を頼まれるようになるかという発想にならず、負のスパイラルに入ってしまいます。

いつでもクビになっても大丈夫と考える人は、会社をクビにならないのです。よそであなたを採りたい人は、その会社でも採りたい人だからです。

よそで雇ってもらえないと考えて会社にしがみつくのは間違いです。

その会社も雇い続けたくありません。

これから会社は、どんどんコンパクトな小さい会社になります。

最小限の緩やかな人間関係がこれからの新しい会社のあり方、新しい働き方になります。

かつては、みんながそれを望んでいたわけです。

「終身雇用なんてイヤだ。転職してキャリアアップしていくんだ」と言っていたのに、いきなりここへ来て「終身雇用でないと困る」と言い始めたのです。

実力に見合った報酬が欲しいと望んでいたのがこれまでのトレンドでした。

突然そうなると、「それはひどい」と、実績主義ではなく博愛主義側に変わるのです。

一生仕事に困らないために

04 すべての状況を、面接と考えよう。

実績主義は、ゼロか１００かの世界です。

実績がない人はクビになるというのは、海外では当たり前です。

突然ヘンなことが起きたのではありません。

これはインターナショナル・ルールです。

会社を家族と勘違いするのは、今までの働き方のマイナス面なのです。

05

ハローワークと銀行では、待っている時の姿勢で決まる。

会社の中でも早期退職希望者を募るということが起きています。

少なくとも60歳までいけると思っていたのに、50歳で早期希望退職が始まるという会社もあります。

リクルートは昔から35歳定年説を出していました。

「これからの時代は35歳が定年でいい。35歳になったら、2番目の会社に入っていくのがいい」と、創業者の江副《えぞえ》浩正さんは早い段階で言っていました。

これは、未来を予見していました。

ハローワークの紹介係の人が、「見た瞬間に、紹介した会社に通るか通らないかわかる。『この人は通らない』と思う人は、紹介するのもイヤだ」と言っていました。

それがわかるのは、相談者が目の前に来た時ではなく、待っている時の姿勢です。

目の前の相談者の後ろに、銀行のように待てる椅子があるのです。

そこで両足を広げてふんぞり返って、スマホを見たりしている時点でムリです。

紹介係の人は次の順番のボタンを押して対応するのですが、通らないと思う相談者の番号は押したがらないそうです。

目の前にいる相談者を長引かせて、わざと時間調整をして避けるのです。

私が話を聞いた人は偉くて、「そういう人ほど自分が対応するんだ」と言っていました。

そうしないと、みんながゆっくりし始めるので仕事が滞るのです。


カウンターの後ろが待合室になっているところは多いのです。

その１つは銀行です。

お客様は銀行の窓口に行くと、みんな礼儀正しいのです。

お金のために嫌われたらいけないと考えているからです。

その半面、椅子に座って待つ間は見られていないと思って油断しています。

そこで判断されるのです。

見られていないと思っているところでしていることが、その人のマナーです。

なかには、「きちんとしようと思えばいくらでもできる」と言う人がいます。

「特に気をつけていることはありません」というのがマナーであって、気をつけていることはムリしているのでマナーではありません。

それが一番わかりやすいのが、待っている時の姿勢なのです。

行列に並んだり、レストランで料理が出てくるまでの間とか、順番待ちをする状況はどこにでもあります。

待っている時の姿勢は常に見られています。

私をスカウトしてくれたリクルートの役員は、エレベーターの前から見ていた可能性があります。

一生懸命仕事をしている人は、必ず誰かが見てくれているのです。

自分は見られていないと思っていても、そんなことは決してありません。

見られている時だけ仕事をしようとする人は、「見られていない」と言うのです。

一生仕事に困らないために

05

待つ姿勢を、見られていると気づこう。

人間は、自分が見ている方向から見られていることを「見られている」と言います。
これは実際の視野の10分の1の範囲です。
実際は背中の側からも見られています。
見られていることに気がついていない時こそ、見られているのです。
見られていることを意識していないと気が緩みます。
素《す》が見られているので、マナーは素の勝負になります。
待つ姿勢のいい人は、寝ている時でもマナーがいいのです。

06

お寺や神社を参拝して、姿勢を正す。

中国でのお酒の接待は、相手に気に入られようとしてするのではありません。

「この人は酔ってもマナーがいいかどうか」を見るのです。

「ベロベロに酔っているのにマナーがきちんとしている」という人は評価がよくなります。

酔ったらいきなり下ネタ炸裂《さくれつ》という人は、本質が見抜かれます。

お酒の接待は、中国では人間を見抜く1つの方法になっているのです。

待つ姿勢を一番見られているので、本番で勝負しようと頑張らなくていいのです。

本番で勝負しようとすればするほど、待っている時が完全に緩んでしまって、反動が出ます。

物理的な姿勢は、メンタル的な姿勢がそのまま反映します。

たとえば、私は毎日、神社に行きます。

神社にお参りに行くと、物理的に姿勢を正さざるを得なくなります。

それによって、メンタル的に立ち直るのです。

姿勢とメンタルは連動しています。

お参りにはそういう仕組みがあります。

お参りに行くと、毎日来ている人と困った時だけ来ている人とにくっきり分かれます。


毎日来ている人の参拝はキビキビ短いです。


生徒を連れて神社やお寺に行くと、「先生は驚くほど速い」と言われます。

私は次に参拝する人が後ろにいる時は待たせないようにしています。

毎日の日課としてご挨拶に行くだけだから速いのです。

毎日来ていない人は、必死のお願いで来て、姿勢も悪く、一連の流れのダンドリが悪いので長いです。

言ってみれば、神社の神様は受け入れる側です。

必死な人は雇われないのです。

前の人が延々とお参りしていても、「すいません、早くしてくださ い」とは言えません。

急いでいる時は、後ろから「後で帰りに来ます」と言うだけにします。

私が神社を出て、しばらくして振り返ると、延々とお参りしていた人がうなだれたまま出てきたりします。

参拝帰りにうなだれるのはＮＧです。

お参りをすると、その人が面接で通るかどうかがわかります。

お参りと面接は同じです。

なかには、「この人は毎日来ている」と一瞬でわかる人がいます。

ピタッととまり、ピッピッとお辞儀をするところまで、気持ちのいい一連の動作になっているのです。

一生仕事に困らないために

06

神社に参拝して、姿勢を正そう。

07

「こんにちは、中谷彰宏さん」というメールは、なりすましメールだ。

面接がある時は、直接会う前にメールのやりとりがあります。

メールで、その人の「マナー」がわかるのです。

たとえば、「中谷さんのところで働かせてください」という依頼のメールが届きました。

その人はメルマガを出していました。

大勢あてのメルマガと個人向けの手紙の区別がついていないことがあるのです。

メルマガは、不特定多数の人に出すものです。

メールは、１対１でダイレクトに出すものです。

「こんにちは、中谷彰宏さん」というメールは、知っている人からは絶対来ません。

「こんにちは」の後の名前をかえて使えるテンプレートがあるのです。

「こんにちは、○○さん」というメールを送る人は、キャバクラで働いて営業メールを出してもお客様が来ないタイプです。

「この人は同じメールをみんなに送っているんだよね」とバレていることに気づかないのです。

メールは、たしかにめんどうくさくなります。

「こんにちは、○○さん」というのは、それほど親しくない人に送るメールです。

これは、メールのマナーができていません。

挨拶は一人一人にするというのがマナーです。

メールも同じように、1対多でしないことです。

メールで、相手の名前だけ書きかえたらOKというやり方は、どこかめんどうくさいことを省いています。

そのやり方で99回ラクになっても、1回ミスるとそれで終わりなのです。

以前、私に届いた本の依頼文に「こんにちは、中谷さん」と書いてありました。

一生仕事に困らないために

07

メールを、テンプレートで送らない。

昔は書状で依頼が来ていたのです。

「中谷さんと同年代で夭逝《ようせい》したある詩人についてぜひ書いてほしい」という依頼でした。

その文章の一番最後に、「この仕事は〇〇さん（某作家さん）をおいてほかにありません」と書いてありました。

その部分の名前を直し忘れていたのです。

同じ文章のまま、最初の名前の部分だけかえて依頼文を出してしまったのです。

ラブレターを同じ文言で送ってはいけないのと同じ過ちです。

今は文章のニュアンスで、みんな慣れています。

誰でも通用する文言では、マナーとして損をするのです。

08

清潔感は、服装で出る。清潔感とは、その人と一緒に鍋を食べることができるかだ。

面接で、もう1つ見られるのは「清潔感」です。

清潔感のない人とは一緒に仕事をしたいと思わないのです。

テレワークをしてよかったのは、あごマスクやマスクから鼻を出している人と一緒に仕事をしなくてすむことです。

くしゃみをする時に、マスクをはずす人と机を並べて仕事をしたいとは思いません。

みんながマスクのマナーを守っている時に、守らない人が1人いると、上司は「あの人、なんとかしてください」と言われます。

なかには「それはその人の方針だ」と言う人もいます。

それでも、清潔感的に、一緒に鍋を食べられないと思う人と働きたいとは思わないのです。

「その人の触った書類は触りたくない」と思われた時点で損をします。
その清潔感の出るところが服装なのです。

お見合いで、「3回会ったけど、この人はどうかな？　ってまだわからないんです」ということはありません。

お見合いは、1回でわかります。

3回会っているということは、受け入れているということです。

「この人とベッドに入ることが想像できない、気持ち悪い」と思われたら、その先の発展はありません。

相手の収入がいくらとか、背が高いか低いかという問題はどうでもいい話です。

この人と同じベッドに入れるかどうかはリアルな問題です。

それを想像した時にありえないと感じたら、「私にはもったいない人なので」というお断りになるのです。

清潔感は、高級な服を着ることではありません。

清潔感は、襟元にあらわれます。

一生仕事に困らないために

08 襟を清潔にしよう。

ネクタイは、高校生のだらけた結び方のようにしないことです。

酔っ払いのネクタイは緩《ゆる》んでいます。

就活であまりまわっていない学生も緩んでいます。

ネクタイを締めることに慣れていないからです。

極端な人は、ネクタイが襟の上に出ています。

まだいけると思いながら、同じシャツを何日も着ていると、襟がヨレヨレになってきて、アイロンがきかなくなります。

シャツは毎日かえるものです。

シャツがヨレヨレになると、襟が立ち始めてネクタイが外へ出てしまいます。

姿勢が悪いと、襟を頭でつぶすので襟が折れてしまいます。

それによって、ヘンなところに折り目がついていることもあります。

その人のふだんの姿勢や清潔感に対する考え方は襟元に出るのです。

09

時間にルーズな人は、ネクタイが緩んでいる。

ネクタイが緩んでいる人は、遅刻が多いです。

遅刻が多いと採用されません。
時間を守ることは仕事の基本だからです。
ネクタイは、大剣と小剣の長さを調節するのが難しいです。
１回でちょうどいいところに来ないのです。
小剣がピッタリ１センチ短くなるように何回もやり直します。
小剣が長くてやり直すと、２回目はもっと長くなってしまいます。
ネクタイをのぞき込んで、背中を丸めるからです。
そうすると、姿勢を正した時に長さが変わります。
鏡に正対して、胸を広げてネクタイを締めればいいのです。

ネクタイをのぞき込んで締める人は、永遠にうまくできません。

「僕のネクタイの長さがおかしいのかもしれない」と言うのは間違いです。

ネクタイを締める時のうつむく姿勢が問題なのです。


小剣が長くても「もういいや」と出かける人は、ギリギリいっぱいまで寝ていたからです。


寝坊するということは、前の晩、遅くまで起きていた可能性があります。

その人の生活の乱れが、ネクタイをきちんとする余裕のなさを生んでいるのです。


仕事は、朝一番の会議に遅れると完全に後手後手にまわります。


出だしで遅れた時は、後の気持ちの立て直しが難しいです。

「遅れてすみません」と言うと、相手先は「大丈夫ですよ」と言いながら、「なんだよ。今日だけじゃなくていつもじゃないか」と思っています。

生活習慣はなかなか変わらないからです。

最後に来る人は、いつも同じなのです。

たとえば、集合時間に「○○さんが来たから、さあ行きましょう」といつも言われる人がいます。

本人がそのことに気づかないのは、時計を見て「待ち合わせの時間に遅れていない」と思っているからです。

「○○さんが来たから、さあ行きましょう」と言われたら、「お待たせしました。すみません」と言えるのがマナーです。

ほかの人たちは、自分待ちだったのです。

普通の神経の持ち主なら「ヤバい。次回は1番に行こう」と思うのに、毎回最後に来るのは不思議です。

メンタル的に落ち込んでいる状態になると、遅刻が常習化します。先に来て待つのが寂しいから、いつも一番最後に来るのです。

合コンでも、「かまってチャン」タイプの女性は必ず遅れてきます。

待ってもらうことで相手を確認するのです。

ネクタイを見ると「この人はバタバタして来たんだな」ということがわかります。

格上の人に仕事を頼みに行く場合、時間にルーズで「おまえのところの人間はこっちを待たせるのかい」と言われる人には任せられません。
それはネクタイを見れば判断できます。
幅が広いネクタイは、ごまかしがききます。
特に細いネクタイは、きちんと締めるのが難しいです。
曲がりが目立つからです。
鏡の前で、きちんとした姿勢でネクタイを締める余裕があることが大切なのです。

一生仕事に困らないために

09 ネクタイを、緩まないように締めよう。

10 遅さは、自分で気づけない。

スピード感は、大切です。

自分が遅いと気づいている人は、いません。

「自分はまだ遅いですね」と言う人は、大体速いです。

「自分はそこそこ速いつもりです」と言う人は、遅いです。

「自分は遅い」と気づく人は、速い人たちの中にいて「頑張らなければ」と切磋琢磨《せっさたくま》しているのです。

常に「どうしたらもっと速くできるか」と考えています。

「自分は速い」と言っている人は、全員が遅刻してくる中での早いほうにすぎないのです。

私の秘書室で新しい秘書に来てもらうため、派遣会社で頼んだら、２週間の試用期間がありました。

秘書室が「この人はちょっとムリかもしれない」と言われるのは、仕事のテンポが合わない時です。

それは、テンポが遅いということです。

私はクイック（速さ）を基本にしています。

試用期間を経て不採用になった人は、自分の遅さについて、それまでなんの不具合も感じていなかったのです。

今までのレベルでいい人は、そのままでかまいません。

レベルを上げた世界では、スピード感がまったく違います。

まず歩くスピードが違います。

私の秘書室のスピードが上がるのは、私の歩くスピードが速いからです。

私は「先生、歩くスピードが速いですね」と、よく言われますが、「基準がなぜ自分中心なんだ」と言いたくなります。

本来なら、「自分はなんて遅いんだろう」と言うところです。

「あの人はスピードが速い」「あの人は仕事が速い」と言うのは、自分を標準と考えているからです。

この時点でその人は向上心を持っていません。

「自分はまだ仕事が遅い」と感じられる人は向上するのです。

駅伝では、チームワークで「1秒を削り出せ」と言われます。

1人1秒の戦いになっていくわけです。

勝負に負けた時は、みんなが「自分のせいで負けた」と泣きます。

誰かのせいではなく、「自分がその1秒を削れなかったから」と考えるからです。

スピードの問題は、その仕事に対して「誰かが遅れた分を自分が取り返すことができないか」と考えられるかどうかです。

考え方が自分中心なのか、チーム中心なのかで分かれます。

チーム中心で物事を考える人は、自分の遅さに気づけるのです。

一生仕事に困らないために

10 自分の遅さに、気づこう。

11 出張先のお店で覚えてもらえる人は、1泊2日で、3回同じ店に来る人。

採用されるためには、まず覚えてもらう必要があります。

不採用になると、「私はなんで落ちたんですか」と聞く人がいます。

答えは単純です。

「あなたは誰だっけ？」と、覚えられていないのです。

どこか悪いところがあるから落ちたというのは勘違いです。

覚えてもらえるかどうかは、お互い様の問題です。

覚えてもらう前に、まず自分が覚えることです。

面接で通る人は、面接官を覚えています。

「人事の中谷です」と名乗った面接官と2回目の面接で会った時に、「中谷さん、この間はありがとうございました」と言える人と、「人事の人」と言う人とに分かれます。

相手の名前も覚えないで、自分が覚えてもらおうというのはまずムリです。

人間は、覚えてもらった人を覚えるのです。

名前を覚えていなくても顔を覚えていることが大切です。

名前を名乗らない場面もたくさんあります。

スターバックスで繁盛するお店は、お客様を全員覚えています。

「いつもの〇〇でよろしいですか」と、オーダーで覚えているのです。

お客様のオーダーはコロコロ変わりません。

常連で来ている人ほど、同じものを頼みます。

「あ、覚えてもらっているんだな。じゃ、道の向こう側にもスタバがあるけど、覚えてもらっているほうに行こうかな」と思うのがお客様の心理です。

「今日もいつものでいいですか」と言われただけで、「そうか、覚えられているか」とうれしくなります。

これが覚えるという、人間関係で大切なことです。

なかには、出張で1泊2日の旅行に行っただけで覚えてもらえる人もいます。

晩ごはん、朝ごはん、昼ごはんを同じお店で食べるからです。

覚えられない人は、「せっかく来たんだから違うところに行こうよ」と言って、それぞれ違うお店に行きます。

観光の意識で来ている人と、人脈をつくりに来ている人とで、くっきり分かれるのです。

夜、朝、昼と連続で来たら、お店の人は覚えます。

これによって、そのお店1軒しか行かなくてもその町での基地ができます。

あとは、そのお店の人が「この人は東京から来ている人で……」と、その地域の人たちをどんどん紹介してくれます。

これがコツです。

予算や時間がないというのは理由になりません。

たとえば、マンツーマンでする習いごとの料金はなかなか高いです。

ダンスレッスンの場合、月に1回で年に12回習うより、12日連続で習うほうが成長のスピードは速いです。

一生仕事に困らないために

11 同じ予算を、まとめて使おう。

ピアノのお稽古でも、月1回では前回を思い出して終わりです。

「毎年スキーに行っています」と言って、年に1回では、筋肉痛になって終わりです。

それではうまくなるわけがありません。

12日間連続で通うと、毎回、昨日の記憶からの続きになるので、先生もはるかに教えやすいです。

時間とお金は集中的に使うと効果が高いのです。

12

受け身の人は、甘えになる。甘えの人は、会話に出る。

「この人と仕事をしたい」と思われるのは、受け身ではなく自発の人です。

「私は受け身ではないのに、なんで不採用なんですか」と言う人は、その時点で人に聞いています。

本人は自分が受け身だということに気づいていません。

受け身の人は、それが普通の状態だからです。

「ここがいけないのかな」と、落ちた理由を自分で考えられるのが自発です。

受け身かどうかは、会話でわかります。

受け身の人は、会話が全部「～してもらう」という受け身体です。

してもらえるのが当たり前になっています。

「誰かなんとかして」と言うのではなく、自分でなんとかしようと考えるのが、仕事

をするということです。

「誰かなんとかして」と言うのはお客様です。

愛されるお客様は、「なんとかしてください」とも言いません。

私の実家はスナックですが、スナックで好かれるお客様は、「自分でなんとかしよう」「協力しよう」という態勢が常にあります。

「誰かなんとかして」と言っていると、お客様としてもお店の人から愛されないのです。

不採用になった理由は、「あれじゃないか」「これじゃないか」と自分で考えて修正していくことが大切です。

受け身は、甘えです。

甘えている人は、赤ちゃんの状態からまだ大人になれていません。

本来、人の面倒を見る立場である大人が、給料をもらって面倒を見てもらうのはおかしいのです。

一生仕事に困らないために

12

「なんで、不採用なんですか」と聞かずに、考えよう。

13 社長より、スタッフに嫌われない。

採用されたい人は、社長に気に入られようとしがちです。

実際は、社長よりほかのスタッフと仕事をすることのほうが圧倒的に多いです。

私の秘書室で採用する時は、私の権限はありません。

2週間、試用で働いてもらった後、「お断りしておきました」と事後報告が来るだけです。

それでいいのです。

仕事をするチームに嫌われたら終わりだからです。

これは、お客様も同じです。

「中谷さん、このお客様でめんどうくさいことが起こっているんです」と相談されると、私は「じゃ、お断りしてください」とアドバイスします。

そういう事態は、売上げが大きいお客様に起こる場合もあります。

社長は「そのお客様は売上げが大きいんだけどな」と言いますが、その売上げ分以上にスタッフにストレスがたまります。

そこは断ることです。

ストレスによるマイナスが大きいと、結局損になるのです。

まずは、いかにスタッフに嫌われないようにできるかという意識を持つことです。

媚《こ》びるという意味ではありません。

「自分はこのスタッフの中でテンポ感が遅いんだな」「今、足手まといになっているんだな」と気づくことが大切です。

なんでもかんでも「教わってないからできない」ということではないのです。

一生仕事に困らないために

13

スタッフに、嫌われないようにしよう。

14

覚悟のある人は、働くことの厳しさを何かで学んでいる。

新卒だけではなく、中途採用で別の会社にどんどん動いていくという時代になりました。

働くために求められることは、覚悟です。

能力ではありません。

能力があっても、覚悟のない人はいます。

能力はなくても、覚悟のある人は採用になります。

覚悟とは、仕事の厳しさを知っているということです。

転職する人の大半は他業種に転職します。

これが間違いのもとです。

たとえば、出版社に勤める人は、「編集の仕事は楽しそうだけど、やってみると意外に地味な仕事ですね」「実際は、本をつくる仕事より謝っていることのほうが多い」と、自分の仕事になると、しんどさが身にしみてわかります。

そこで「あの仕事はラクで楽しそうだから、あっちに行こう」と考える人は、ほかの仕事の厳しさに気づいていません。

どんな仕事も、大半は謝っているのです。

転職して成功できるのは、「あの仕事は難しいぞ」「めんどうくさくて儲《もう》からないぞ」とわかっている人です。

「あっちはけっこうラクで、儲けも大きい」と転職した人は、しくじります。

他業種に転職する人は、甘い気持ちで入る人が多いです。

「私も本とか書いてみたい」と言う人がいます。

次に「だって、印税いいじゃないですか」と言ったりします。

こういう人に面白い本は書けません。

その人が今までしていた本業の仕事も、ほかの人から見たらラクそうに見えて、実際は大変なのです。

「世の中に、ラクな仕事はない」ということを、自分の仕事で学んでおくことです。

仕事のプロフェッショナルになると、「息子には継がせたくない」と思うようになります。

それは仕事の厳しさを知っているからです。

今している仕事で、「10円を稼ぐのは大変なんだ」と学んでおくことが大切なのです。

一生仕事に困らないために

14 何かで、働く厳しさを学ぼう。

15 「育ててもらいたい」と言う人は、足手まといになることに、気づいていない。

よく「御社で育ててもらいたい」と来る人がいます。
会社は保育園ではありません。
育てているヒマはありません。
「自己の可能性を伸ばしたい」と言う人は、学校に行けばいいのです。
会社は利益を出していくことが求められます。
学校と会社は違います。
学校は自分が教えてもらうために授業料を払います。
会社は給料をもらって、お客様から手数料・商品代・サービス料をもらいます。
「お客様に育ててもらう」というのは、仕事ができる人のセリフです。
仕事のできない人間が本当に育ててもらうだけなら、会社にお金を払う必要があります。

「でも、何か手伝いをさせてください」と言われても、「いや、足手まといだ」となるだけです。

お寿司屋さんでは、お店の中の音を聞くと、チームがうまくまわっているかどうかがわかります。

うまくまわっていない時は、何かを落として割る音がします。

これはリズムが悪くなります。

そういう人が1人入っているのです。

大将もそれが気になって、いつもの包丁と違う音になります。

中華でも同じです。

アルバイト君のリズムが悪いと、店全体のリズムが悪くなります。

お店のリズムは、下働きの人で決まります。

下働きの人のリズムがいいと、店全体のリズムがよくなります。

大将は自分のリズムを持っています。

下働きの人がギスギスした空気でぎこちなくなると、お店全体がヘンになります。

ドンガラガッチャンとなった時に、「いつものよく動いている人は今日休んでいるんじゃないの?」と聞くと、「今日は休んでいるんですよ」と言われます。

「ああそうか。あの人がいるからお店がうまくまわっているんだな」というリズム感があるのです。


1人が何かミスをすることで、その人の仕事をフォローするために、ゼロではなくマイナスになるのです。

私の秘書室が試用の人を断る時に、「この人を雇ったら、私たちの仕事が遅くなりますけど、それでもいいですか」と言われたら、私としては何も言えません。

足手まといの人がいると、遅くなってしまうのです。

自分が足手まといになっていることに気づくセンスが必要です。

これに気づける人と気づけない人がいるのです。

「私は足手まといになっていません」と言う人は危ないです。

「私は足手まといになっているような気がするので」と言う人は、大体なっていません。

待ち合わせでいつも最後に来る人は、「○○さんが来たから行きましょう」と言われます。

それを言われた時に、「あ、ヤバい」と気づけるかどうかです。

これにはセンスが大切になってくるのです。

一生仕事に困らないために

15

「足手まとい」になっている自分に気づこう。

16 「変わったね」と言われて、喜ばない。

俳優の高橋英樹さんは、ニューフェイスで高校在学中に日活に入りました。

最初のころは、学校の勉強をロケバスの中でしていたそうです。

それから2年たつと、だんだんまわりの人にも覚えてもらったり、なじんできて、バスの中で雑談ができるようになりました。

ある時、ロケバスを降りようとしたら、大御所の浪花千栄子《なにわちえこ》さんに「あんさん、変わらはりましたな」と言われて、高橋英樹さんは「ヤバい」と思ったそうです。

「以前はここで勉強していたのに、今自分はつまらない下ネタにつきあっていた」と気づいたのです。

ここで浪花さんは「あんた、ダメになったね」とは言っていません。

ここが大切なところです。

「変わったね」と言われて、「もう2年もたちましたから。ありがとうございます」と喜ぶのはNGです。

これはセンスです。

私が「この時なんて返す？」と聞くと、「『おほめいただき、ありがとうございます』じゃないんですか」と答えた人がいました。

それは解釈が間違っています。

相手が言った言葉で、「直しなさい」と注意されていることに気づけることとです。

きちんとした大人は、注意する時に「ダメじゃないか」とは言ってくれないのです。

私は博報堂時代、サントリーオールドのＣＭをつくった東條忠義さんと一緒に仕事をしました。

東條さんは、オールドのＣＭに出た俳優、リー・ヴァン・クリーフのようなカッコいい演出家です。

私が撮影現場に後から入って、「おはようございます。遅くなりました」と上司に挨拶をすると、東條さんに「おはようございます。中谷さん」と言われました。

これは「おまえ、なんで自分の上司に先に挨拶してるんだ」という注意です。

このひと言が私に一番刺さりました。

そのひと言で気づかせてくれた東條さんはさすがです。

すべてのことに対して、「今この言葉が自分に対して優しく注意してくれているんだな」と気づけるかどうかです。

これは能力ではなく、人間的なセンスなのです。

一生仕事に困らないために

16 優しく注意されていることに気づこう。

第2章

小さな仕事をコツコツやって、信頼を得る。

17 お金を払ってでも働きたいと思える。

「私、給料は安くていいです」と言われても、足手まといになる人はよけいにお金がかかります。

イギリスのファッションデザイナーのアレキサンダー・マックイーンが売れ始めると、そのアトリエで働きたいという人が大勢来ました。

アレキサンダー・マックイーンのアトリエでは、みんなが給料を払って働きました。

「給料を払ってでもアレキサンダー・マックイーンから学びたい。この天才と一緒に仕事をすることは自分が将来デザイナーになるために大切だ」と考えて、仕事ではなく修行として働いたのです。

給料をもらうのではなく、給料を払って仕事をする時代が来ました。

アレキサンダー・マックイーンの時代に、その働き方は成立していました。

「タダでも働かせてください」と言うのではなく、「給料を払いますから働かせてください」と言う人がいたら、その人を雇います。

一緒に仕事をするということは、その人に多くの時間を奪われるということです。

「カバンを持たせてください」と言われても、歩きの遅い人に任せるとフットワークが悪くなるのです。

今までは、給料・経費・税金・保険・年金代をもらうという形がありました。

雇いたい人は、みずからお金を出してでも一緒に働く価値を見出す人です。

給料をもらうために働いている人とは、仕事のやり方が違います。

これは「当番」と「係」の仕事のやり方の違いと同じです。

当番としてする人は、いかに手を抜いて今日をやり過ごすかという感覚でいます。

「こんなところ掃除しても、誰も気づかないし、しなくても気づかれないんだから、しないほうが得だろう」というのが当番の仕事です。

それに対して、飼育係が「休みの日だけど、台風が来ていてウサギが心配だからちょっと見に行ってくるわ」というのは係としての仕事です。

これが仕事としてのモチベーションになります。

経営者としては、そういう人を雇いたいのです。

あらゆる仕事は、当番型と係型の働き方の2通りが生まれます。

これからの時代は、「なんか仕事ないですかね」と言って仕事を探すより、働き方を探したほうがいいのです。

一生仕事に困らないために

17 時給として働くのではなく、修行として働こう。

18

敗者復活のチャンスを残すには、断られた時、明るくすること。

敗者復活をするためには、諦めないことです。
ただし、断られた時に明るくすることです。
暗くなられると、次が頼みにくくなります。
次のチャンスをつぶさないように、落ち込んでもいいから明るくすることです。
これは、恋愛でフラれた時と同じです。
ある意味、一緒に仕事をすることは、恋愛をすることと同じです。
恋愛では、フラれることもあります。
1回フラれてもチャンスをつかめる人は、次のチャンスを残しています。
断った時に暗くなられると、その人と関わり合いたくなくなります。
逆恨みされて、逆ギレの嫌がらせを受けたらイヤだなという印象が残るからです。

一生仕事に困らないために

18 暗くならない。

断った時に明るいと、もう1回チャンスを与えてあげたいという気持ちになります。

仕事では、イエスよりもノーと断られることのほうが圧倒的に多いです。

「今ここで断られて暗くなる人は、お客様のところに行ってもきっとそうするんだろう」と思うと、まわりにしこりが残ります。

いかに明るく断られるかが勝負です。

イタリア人のナンパがうまいのは、断られ方が明るいからです。

これが次にチャンスを残していけるのです。

企画がボツになった時も暗くなられると、次も一緒にしたいとは思わなくなります。

それなのに、向こうに「エーッ」と暗くなられると、次に誘ったり、誘われたりすることが難しくなります。

まじめで一生懸命なタイプほど、断られた時に暗くなりがちなのです。

19 何も変えないで、「当たって砕けろ」は、ストーカーになる。

断られた時は、今なぜ断られたのか、何が足りなかったのか自分で気づくことです。

気づいただけでは何も変化がないので、それを身につけます。

これは受験と同じです。

受験では、「不合格だった」→「数学で大量失点している」→「次回受ける時は数学を勉強しよう」と考えます。

英語のヒアリングが苦手な人は、「ヒアリングを勉強しよう」と考えて勉強するから次の試験で通るのです。

この時に、何も考えないで「当たって砕けろ」というのは自分が砕けるだけで、相手にとっては迷惑です。

そうなると、ただのストーカーです。

まじめで一生懸命な人は努力型で来ます。

工夫はしないのです。

努力の人は、相手からすると迷惑です。

たとえば、バラを贈った相手に「結構です」と言われました。

その時、「甘いものに変えたほうがいいかな」と作戦を変えるのではなく、「そうか、本数が足りなかったのか」と思って大量に贈る人がいます。

相手にはバラに対するアレルギーがあったり、バラが嫌いという可能性もあります。

うまくいかなかったことに、同じやり方でさらにエネルギーをかけるのは、ますます逆効果です。

「自分のエネルギーが足りなかったからだ」と勘違いするのが、まじめで一生懸命な人が採用されない1つの理由です。

それは気の毒です。

何が足りないのか、自分で仮説を立てて考えればいいのです。

それを相手に聞くのは受け身です。

そうではなく、自分でそれを見つける習慣を身につけることです。

一生仕事に困らないために

19

自分に足りないものを、自分で見つけよう。

年がら年中、上司がその人について仕事をしているわけにはいかないのです。

世界で一番足りない人材は社長です。

お金を持っている人は、「今、１０００人規模の会社があるんだけど、その社長をしてくれる人はいないかな」と探しています。

それはサークルのメンバーを探しているレベルではありません。

サークル規模ならバイト君はたくさんいます。

１０００〜５０００人規模の会社の社長をしてくれる人を常に探して、ヘッドハンティングが行われています。

「私のどこがいけないんですか」と言う人に、社長は任せられないのです。

20

採用する側の眼力を、信じる。

私の秘書室に「採用してください」と来る人でも、「もっとよく私を見てください。こんな短時間ではわかりません」と言う人がよくいます。

本人は気づいていませんが、それは採用する人にリスペクトのない発言です。

「あなたの目は節穴か」と言っているのに近いのです。

リスペクトする人のところで働きたいなら、その人が一目見て「ない」と思った時は、正確に見抜いたと判断することです。

自分のリスペクトしている人に対して、「あなたの目は節穴か」と解釈するのはセンスがありません。

落ちた時は、正しく落ちているのです。

一生仕事に困らないために

20 「見る目がない」と言わない。

納得いかないというのは、自分の落ちている現状を受け入れていません。

「なんで私が落ちて、あの人は通るんだ」と文句を言う前に、「自分とあの人は何が違うんだろう」と考えたほうがいいのです。

「私は年がいっているから」「女性のほうが通るんだ」とか、自分に都合のいい言い訳が立つような理由を持ってくると、「自分自身に足りないもの」がぼやけてしまうのです。

21
断られた時、言い訳しない。どんな状況でも、緊張しない。緊張する人は、仕事で使えない。

面接で断られた時、「すみません、あまりにもリスペクトが強すぎて緊張してしまいました」と言い訳をする人がいます。

どんな状況でも緊張しない人が採用されます。

緊張するような人にも会うからです。

まじめで一生懸命な人ほど緊張しがちです。

「ずっと中谷さんの本を読んでいました」「全部読んでいます」という人が来ると、緊張しているうちに時間だけが過ぎていきます。

仕事では、緊張するような人にも会いに行く必要があります。

仕事で「○○さんのところに行ってきて」と言われて、「すみません、あの人、ちょっと怖いので」と言うと、「じゃ、ほかの人に行ってもらうけど、あなたは誰に会いに行けるの？」ということになります。

緊張する人は今まで気心の知れた同じメンバーとばかり会って、緊張する人に会う機会を避けてきたのです。

常日ごろから緊張するような人に会いに行ったり、緊張するような場に行っていると、緊張に対して強くなります。

緊張する場を避けようと思えばいくらでも避けられます。

緊張の体験を避けてコンフォートゾーン（安全地帯）にいる人は、チャレンジ精神がなくなるのです。

緊張するような体験を積み重ねている人は、緊張に対して免疫力があるので、緊張しても、そこそこのことができます。

緊張して、さらにエネルギーを発することができます。

「私、緊張するんです」と言う人は、今まであまり挑戦しないで、安全・安心・安定の中でずっと生きてきたのです。

そういう人は、行動力の範囲や発想が狭まります。

自分の知っている知識・体験・発想の中で動いていると、緊張するような状況に弱くなります。

それでは、部下であろうと上司であろうと何も魅力を感じません。

自分の知らないことを知っている人だからこそ、仲間に入れて、チームに新たな血を入れようと思えるのです。

緊張を言い訳にする人は、凄く狭い範囲の中で生きてきたということなのです。

21

緊張する体験を積み重ねよう。

22 「手伝ってほしい」と言われるようになる。「採用」の前に「手伝い」の段階がある。

「手伝ってほしい」と言われることが採用の始まりです。

採用が結婚なら、手伝いは恋愛です。

「結婚したい、したい」と言って結婚できない人は、「恋愛はいいから、結婚したいんです」という方向に向かいます。

結婚できる人は、恋愛から始まって段階を踏んで、いつの間にか結婚まで行きます。

採用も同じです。

手伝いという段階なしにいきなり採用するのは、恋愛なしにいきなりホテルに誘うのと同じ状況です。

手伝いという段階を踏める人になれることは、一緒に仕事をしたい人になる一段手前の段階です。

手伝ってもらえるようになれば、採用の段階に9割まで来ています。

手伝いを否定する人は、手伝いが1割で採用まであと9割という感覚です。

実際は、手伝いは9割で、採用まであと1割という段階です。

まず、採用の前に手伝いをさせてもらえるようになることが大切なのです。

一生仕事に困らないために

22

「採用」の前に「手伝い」をさせてもらえるようになろう。

23 「手伝えることがあったら、言ってください」は、手伝わせてもらえない。手伝いは、いつの間にかしている。

仕事では「こんなにあたふたしているんだから、今ここで何が足りないか、自分で見つけなさい」と言われます。

「手伝えることがあったらなんでも言ってください」と言う人は、すでに誰かがしていることを一緒にしようとします。

バケツを運んでいる人のバケツを一緒に持ったりするのです。

それじゃなくて、今これをしてほしいなということがあるのです。

声優として採用されるかどうかの分かれ目は、「ガヤの仕方」です。

「ガヤ」とは、大勢での群衆の声を出すことです。

たとえば、事件があって立入禁止のロープが張られているシーンがあります。

そこで、「皆さん、ガヤお願いします」と言われた時に、

「なんだ、なんだ」

「何があったんだ」

「エッ、通れないの?」

「押すなよ」

と言う人は、不合格です。

これはみんなが言っているからです。

ほかの人が言っているセリフにかぶせて言うのはNGです。

この時、センスのある人は、「はい、下がって下がって」と、警官側のセリフを言えます。

これで、このシーンの状況がわかるのです。

「はい、下がって下がって、押さない押さない」と言うと、そのシーンに立体感が生まれます。

「誰か警官役をして」とは言われません。

その時に警官役をする人が採用されます。

一生仕事に困らないために

23 手伝うことは、自分で見つけよう。

手伝いを自分で見つけられるところに、その人のセンスが出るのです。

すでに誰かがしていることを一緒にしようとする人は、手伝いを見つけようとしていません。

仕事を振られることに慣れている人は、「それをしてくれれば助かった」と言います。

「誰かそっちやってくれないかな」と思われている手伝いを、自分で見つけられなくなります。

声をかけられるまでブラブラしたり、誰かがしていることを手伝いに行って邪魔することになるのです。

別の目線で「今この状況だと、これが足りないな」と、空いているポジションを自分で見つけることが大切です。

「あの人は気が利くな」ということが、ここでわかるのです。

24

会に来ていないのに、「受付をさせてください」は、採用されない。

中谷塾に来たことのない人から「塾の受付をさせてください」と言われることがあります。

その人は仕事を役職と思っているのです。

「塾に来たことがない人に受付はできない」ということに気づかないのです。

たとえば、ゴルフ場のコンペに来るのは、ほとんどが会員の人たちです。

あるゴルフ場でトラブルが起こりました。

受付の人が理事長に「お名前は?」と聞いてしまい、「こらぁ!」という騒ぎになったのです。

その場合、そういう人を受付に置いてしまった上の人の責任になります。

「したい、したい」と言っても、「したい」イコール「できる」ではありません。

センスのある人は、コツコツ来ている人です。

塾の受付は生徒の中から生まれます。

実際は塾に受付は必要ありません。

みんなの顔がわかっているからです。

全員受付体制です。

中谷塾は僕の実家のスナックと同じ形式をとっています。

スナックに来ているお客様は全員常連です。

誰がグラスを洗ってもいい。

誰がカウンターの中に入ってお酒をつくってもいいのです。

これが、１つのチームが生まれている状態です。

「塾の受付をさせてほしい」と言っている時点において、その人は塾を理解していません。

参加者の顔もわからないのに受付をしようとすると、足手まといになります。

ずっと来ている人に「お名前は?」と聞くことが、いかに失礼かわかっていないのです。

「顔と名前を覚えます」と言っても、それだけでは足りません。

塾の受付は、

「この人はいつも前の仕事が押していて、時間ぎりぎりいっぱいに来る」

「この人はちょっと遅れて来る」

「この人は早めに出る」

という**事情やキャラもすべて把握して、やっとできることです。**

塾に来たことがなくて「受付をさせてください」と言うのは、受付の仕事をなめています。

「受付ぐらいしかできないんですけど」というのは差別表現というか、仕事を見くびっています。

「〇〇ぐらいだったらできる」というのは、仕事に対する取り組み方が根本的に間違っているのです。

それでは仕事を頼まれません。
「失礼な発言だな。受付の人に謝ってください」と言いたくなります。
「私、編集ぐらいしかできないんですけど」と言うのも失礼です。
これを言われてうれしい人は１人もいません。
そういう人は、誰にでもできる仕事が世の中にあると思いこんでいるのです。

一生仕事に困らないために

24 参加者のキャラを覚えよう。

25 信頼をつくらないと、手伝わせてもらえない。

能力があれば、なんでも任せてもらえるわけではありません。

信頼感がなければ、手伝わせてもらえないのです。

「お葬式のお香典を預かる仕事だから、信頼がないとできない」ということではありません。

どんな小さな仕事でも、ベースは信頼感があることです。

「この人が失敗しても許せる」というのが信頼感です。

失敗した時に、許してもらえる関係性が成り立っているかどうかです。

「仕事ができるかできないか」ではないのです。

「大丈夫です。私を信頼してください」と、自分から言うのはおかしいです。

信頼は、相手がすることです。

お願いしてできるものではありません。

「あなたは誰ですか」という人を信頼することはできないのです。

信頼してもらおうとする前に、まず自分を覚えてもらうことが大切です。

覚えてもらうためには、「きちんとしているな」という印象も必要です。

初対面で覚える人もいれば、何回か会っているのに覚えない人もいます。

それは何かが足りないのです。

覚えてもらおうとしてアピールすると、「なんか、めんどうくさい人だよね」と、負の覚えられ方をされます。

そうすると、チャンスを逃します。


覚えてもらえる人は覚えてもらえます。

何かの発言をしたら覚えるということではありません。

「この人は笑顔が感じいいよね」ということが、どれだけその場を明るくするかということです。

笑っているだけで凄い大きな役割を果たすのです。
ラジオのパーソナリティーの一番大切な要素は「笑い声」です。
笑い声の感じがいいと、ずっと聴いていたいのです。
クルマなどでラジオをつけた時に、笑い声の感じがいい人はずっと聴いていられます。
何も言わなくても、笑っているだけで役立っているのです。

一生仕事に困らないために

25 信頼してもらうために、まず覚えてもらおう。

26

アイデアを採用してもらうのも、信頼がいる。

アイデアは、事前に当たるか当たらないかわかりません。

「こんな企画で本をつくったら面白いと思いませんか」と言っても、それが売れるのか、面白くなるのか、企画会議で通るかどうかはわからないのです。

一緒にやろうと思うのは、その人を信頼できるからです。

アイデアは、今目の前にないものです。

「この商品を買ってください」と目の前に出されたとしても、それを買ってもいいかどうかはわかりません。

持ってきた人を信頼していたら、「じゃ、買おうかな。万が一ハズレでも笑えるし」ということになるのです。

結局は人判断です。

「この商品はとにかくいいんです」という売り方は通用しないのです。

目の前で見えないアイデアをプレゼンすることもあります。

女性がクルマを買う時、アドバイスを聞くのはカーディーラーさんではありません。

美容師さんです。

美容師さんは、クルマの専門家でもなんでもありません。

コツコツ通って自分の髪の毛を切ってもらっている美容師さんは、その間に話している時間が長いのです。

美容師さんのところには、その人が独立する前の店の時から長年通っています。

その美容師さんの中には、自分の半生のデータベースが入っています。

クルマを買う時に、そのデータが「私」自身にカスタマイズされたものを導き出してくれるのです。

クルマは、お客様のオリエンテッド（志向）で選ぶものです。

性能がいいクルマを選ぶとは限らないのです。

どんなに性能がいいクルマでも、そのお客様に合わなければアウトです。

信頼とは、その人のことをどれだけ知っているかです。

商品に詳しいよりも、人間に詳しいことのほうが大切です。

お医者さんも同じです。

お医者さんが病気について詳しいのは当たり前です。

ただし、その患者さんがどれだけお酒を好きか、その人からお酒を取ったら死んだも同じということも理解してあげるのが、クオリティー・オブ・ライフという考え方です。

患者さんに詳しいのは、ひょっとしたら看護師さんとか患者さん仲間で、その人たちのほうがより信頼されるということもあるのです。

病院に行くと、お医者さんでも看護師さんでもない常連の患者さんが待合室にいます。

その人のアドバイスが適切なのです。

「薬は何もらったの？　処方箋見せてみな」と言われて処方箋を渡すと、「これは○

○の薬で、これは○○用で……」と全部説明してくれる患者さんがいました。
その人の説明は凄く丁寧でした。

結局、その人が一番信頼されるのです。

「あのお医者さんは、いい先生だから大丈夫だよ」と言ってもらうだけで、安心感が違います。


それも1つの役割です。

役割は、雇用契約を結んでいるかどうかはまったく関係ありません。

常連の患者さんは給料はもらっていないのに、すでに病院側の人です。

この人の役割は大きいのです。


スナックでも、カウンターの中でグラスを洗っている人はお客様です。

騒いでいる酔っ払いがいたら、きちんと追い出してくれるのもお客様です。

お店の人とお客様の区別は、実際にはスナックにはまったくありません。

これが最も理想的な社会や会社のあり方です。

帝国ホテルでは、総支配人がホテルのレストランで朝ごはんを食べています。

一生仕事に困らないために

26 見えないアイデアより、見える信頼で勝負しよう。

「総支配人を出せ」と騒いでいるお客様がいた時に、「私ですが」と隣から言うと、お客様は大体ビックリします。

お店の人とお客様がくっきり分かれている状況をつくるのは、サービス業ではありえないのです。

27

仕事以外でも、会いたい人になる。

一緒に仕事がしたいのは、「仕事以外でも会いたい人」です。

「あの人とは仕事は一緒にしたいけど、仕事以外では勘弁してほしいな」という人を雇いたいと思わないのです。

「仕事以外でも会いたい人」は、実際に会うか会わないかは別です。

用件がなくても会う関係になれるかどうかです。

実際、用件から仕事になるよりは、用件でないことから仕事になるほうが圧倒的に多いのです。

それが成功する仕事です。

ベストセラーは、雑談の中から生まれます。

企画会議からは出てこないのです。

「仕事以外でも会いたい人」になるには、勉強と体験です。

① みんなが知らない知識を持っている人

② みんながしていない体験を持っている人

③ みんながしない発想を持っている人

会いたい人は、この３つです。

本を読むのも同じです。

人は、自分の知らない「知識・体験・発想」が書いてあるから本を読むのです。

私も本の中にそれを入れています。

発想はワンランク上です。

知らない知識と体験から、知らない発想は生まれるのです。

「どこへ行ったら発想が手に入るんですか」と言う人がいます。

発想はその辺に転がっているわけではありません。

発想には予備知識が必要です。

知識と体験がないと、知らない発想を聞いてもピンとこないのです。

27 仕事以外で会いたくなるように、勉強と体験をしよう。

私は塾生にいつも歴史や美術の話をしています。

「学校でこう習ったじゃん。実際は全然逆で……」という話でみんなをビックリさせようと思ったら、驚いてくれない。

「すみません、歴史の授業をサボってました」と言うのです。

学校の授業の基礎知識がないと、驚きを共有できなくてガッカリします。

その時、私も先輩たちをガッカリさせていたんだろうなと、反省しました。

「仕事以外で会いたくなる人」になろうと思ったら、仕事以外の本を読み、仕事関係以外の人と会うことです。

仕事以外で会いたいと思われない人は、仕事以外の人とまったく会っていないのです。

28 「知識・体験・発想」は、誰と会っているかで決まる。

私は30歳の時に、初めてテレビのニュース番組のレギュラーになりました。

私を指名してくれたのはフジテレビの太田英昭プロデューサーで、後に産経新聞の社主になりました。

太田さんに「久しぶりにメシでも食おう」と誘われてランチに行きました。

太田さんは私に「最近、どの辺と会ってる?」と聞きました。

こういう発想なのです。

その人の「知識・体験・発想」は、誰と会っているかで決まります。

仕事関係の人とだけ会っていると、「知識・体験・発想」が狭くなっていくのです。

たとえば、学校の先生は学校以外を知りません。

今まで学生だった人がそのまま学校に入るので、社会と隔絶してしまうのです。

そういう先生に子どもたちは学んでいます。

その子が将来、学校の先生になるならまだいいのです。

ほとんどの子が学校以外のところに行くのに、学校以外のことを教えてもらえません。

これが今、教育問題で解決しなければならない次の課題なのです。

一生仕事に困らないために

28

仕事以外の人と会おう。

29

オンラインは、知らない世界を体験するキッカケだ。

オンラインで面白そうな場所を見つけた時に、

①「じゃあ、行ってみよう」と思う人

②架空体験をリアルだと思い込んで、そこで満足感を得てしまう人

の2通りに分かれます。

オンラインは、キッカケにするにはとてもいいものです。

「こんなものがあるんだ」とわかって、「これを生で見てみよう」と思えるのがオンラインの生かし方です。

オンラインがいいか悪いかではなく、使い方です。

便利な道具を見物だけに使うのではなく、体験のキッカケにするのです。

本も同じです。

私は、本は最後まで読まなくていいと思っています。

ある女性が私の本を読んでいた時に、「中谷さん、こんなことしている場合じゃないですよ」と言って、途中で本を閉じて「ちょっと○○してきます」と言って飛び出して行きました。

これが本の正しい読み方です。

「あっ」と思った1行に出会ったら、そこから先は読まなくてもいいのです。

本は行動のキッカケです。

電話帳と同じです。

必要な電話番号が見つかったら、最後まで読む必要はまったくないのです。

29 読書の途中で、動き出そう。

30 今、手放すものに目を奪われない。未来、手に入る何かを見る。

今持っているものを手放すことができる人が、一緒に仕事がしたい人です。

「何かをするために何かを手放す」という状況があります。

ここで、「手放せないから、できない」と言う人とは一緒に仕事はできません。

何かにしがみついていると、フットワークが悪くなります。

「それはどういう目的があるんですか」とか、「それをしたら何が手に入るのですか」ときかれても、今はわからないのです。

一緒に仕事をするのは、一緒に旅行をするのと同じです。

「その旅行に行ったら何が見られますか」と言う人とは、旅行はできないのです。

オーロラを見に行っても、見られるとは限りません。

ハワイにしても沖縄にしても、海は曇天《どんてん》がけっこう多いのです。絵葉書のような快晴には、なかなかなりません。

「それもまた面白いな」と思えるかどうかです。

「オーロラ、結局見れなかったね」と、みんなで話していたことのほうが楽しくて、「また一緒に行きましょう」となるのです。

その仕事をして手に入るものは、仕事をした後でしかわかりません。

「事前価値」は、する前にわかっていることです。

「事後価値」は、何かをした後で、結果として「このためにしていたんだな」とわかることです。

事前価値よりも事後価値のほうが、はるかに価値が大きいのです。

事前価値を手に入れようとするのが、消費です。

事後価値を手に入れようとするのが、投資です。

事前価値は微々たるものです。

事後価値はゼロから無限大で、一人ひとりみんな違います。

一生仕事に困らないために

30

事後価値を手に入れよう。

1冊の本の値段が高いか安いかは、事前価値が高いか安いかの議論になります。
事後価値に関しては、高いか安いかの議論はできません。
「本は安い」と言っている人は、膨大な事後価値を持っています。
その本を自分の人生に生かしているのです。
まずは、今持っているものを手放せることが大切なのです。

31 小さな仕事を見つけて、コツコツこなす。小さな仕事とは、儲からない仕事だ。

面接で、よく「今している仕事は、いまいちパッとしないんですよね」と言う人がいます。

そういう人を雇う人はいません。

雇いたいのは、「いまいちパッとしない仕事」を楽しめる人です。

「ちょっとした失敗でクビになりました」と言う人もいます。

「おいおい、君はその失敗を『ちょっとした』と言っているかもしれないけど……」

と言いたくなります。

失敗を「ちょっとした」と言っている時点で、失敗の重要さがわかっていないのです。

その人は失敗から学んでいません。

雇う側としては、失敗から学ばないことが怖いのです。
評価されない仕事、収入にならない仕事、感謝もされない仕事を楽しんでできる人が、一緒に仕事をしたいなと思える人になるのです。

一生仕事に困らないために

31

評価されない仕事を、コツコツやろう。

第3章

生産性より、付加価値を上げる。

32 職人ほど、融通が利いて、腰が低い。

あらゆる仕事がサービス業です。

職人は、頑固オヤジのように、つっけんどんに威張っていればいいというのは大間違いです。

実際の職人さんは、融通が利いて、プロフェッショナルな人です。

大御所でも腰の低い人が圧倒的に多いのです。

私が20代の新人ＣＭプランナーだった時に、クライアントさんと音楽の打合せをしました。

亡くなられた服部克久さんがいました。

事前に、服部さんから「中谷さん、宣伝部長のお名前はなんでしたっけ」と聞かれたので、「○○さんです」と答えました。

その宣伝部長が来た時に、服部さんは「ああ、○○さん、ご無沙汰しています」と言ったのです。

これで後の流れはすべて決まりです。

大御所の服部克久さんが、スポンサーさんの宣伝部長の名前を呼んでくれただけで、今日はＯＫです。


これができるかどうかです。

宣伝部長が何かアイデアを言うと、服部さんは「あっ、いいですね。それいただきます。いやあ、それは思いつかなかったな」と言いました。

それを言えるのは、服部さんが若いころ我を押し通して、めんどうくさいことになったという体験を踏まえつつ至った境地です。

「やっぱりプロは凄いな」と思い知らされました。

一生仕事に困らないために

32

仕事の職人になろう。

33
お客様の「いつもの」の細かい隠れオーダーを覚える。

コメダ珈琲は、常連さんが多いのです。
常連さんは、「いつもの」というオーダーの仕方をします。
この「いつもの」が細かいのです。
パンの焼き具合、バターの塗りかげん、パンの耳をカットするのかしないのか。
メニューに載っていない細かい隠れオーダーがあるのです。
コメダ珈琲には、この細かいオーダーを覚えているアルバイトさんがいます。
そういう人はやっぱり人気で、お客様もその人に頼みます。
メニューは、たまたま初めて来た人用のものです。
常連さんは、メニューは関係ありません。
オーダーを毎回繰り返さなくても、きちんと自分用にカスタマイズされたものが出てくるとわかっているから、安心して頼めるのです。

それがお客様の「いつもの」の意味です。

「いつもの」という商品名ではないのです。

コメダ珈琲の強さは、お年寄りに人気とか、そんなことはまったく関係ありません。

道玄坂にあるコメダ珈琲は、すべての席にコンセントがついていて、ＩＴ関連の人たちが使っています。

細かいオーダーをどれだけ覚えられるかです。

いちいち確認とかは、いらないのです。

一生仕事に困らないために

33

メニューにない「細かい隠れオーダー」を覚えよう。

34

最寄り駅を聞かれたら、シャトルバスの時間を伝える。

中谷塾の塾生を一流ホテルに連れて行って体験させています。

みんなが最寄り駅まで行くので、ホテルのコンシェルジュデスクに「最寄り駅はどう行けばいいですか」と聞きました。

若いコンシェルジュデスクだったので、私の心構えとしては、すでに「これは危ないぞ」という気持ちで聞いています。

案の定、期待どおりの答えでした。

「最寄りの駅は○○駅です。こう行って、こう行って……」と、お決まりのよどみない答えが返ってきたのです。

私はもう一回、ドアマンに「すみません、最寄り駅はどこですか」と聞きました。

センスのいい塾生は、「先生はなんで2回聞くんだろう」と、ここで気づけます。

そのドアマンは、「最寄り駅は……」と言いかけて、「あっ、シャトルバスが間もなく出ますけど」と言いました。

私は、これを聞きたかったのです。

シャトルバスがあることは、常連客なら知っています。

初めて来た人は知りません。

「間もなくシャトルバスが戻ってきますので、それに乗られたらラクで早いです」ということを、「シャトルバスは？」と聞かれなくても言えるのがセンスです。

相手が言っていることの先まわりをして、どうすれば相手がラクなのかを考えるのです。

一番近い駅が便利とは限りません。

お客様がどこへ帰るかで分かれるからです。

距離的には少し離れている駅でも、乗りかえなしで便利なこともあるのです。

そこまで考えて「どちらまでお帰りですか」と聞けるのがセンスです。

聞いているのは、言葉ではありません。

お客様の気持ちであり、お客様の求めているものです。

これがサービスマンセンスです。

たとえば、「今、お部屋は何度ですか」と聞かれて、「26度です」と答えるのはセンスがありません。

そういうことを聞いているのではないのです。

暑いか寒いかの問題で、何度なのかという確認はまったくしていません。

これは使えない人によく起こります。

使えない人は言葉を聞いています。

使える人は言葉を聞かないで、感情でやりとりしています。

言葉はまったくかみ合っていないのに、感情は成り立っているのです。

言葉にならないものを感じ取ることが、コミュニケーションの基本なのです。

一生仕事に困らないために

34

言葉にならない求めていることに、気づこう。

35

これからは生産性から付加価値の時代になる。

本が高いか・安いかの議論があります。
アンケートにも「高い・安い」の欄があります。
あれは意味がないのです。
本は知恵なので、付加価値です。
これからは付加価値の時代です。
これまでは生産性の時代でした。
生産性をいかに上げるかです。
たとえば、10時間かかるものを5時間で終わらせるということです。
その前は生産性の低い時代もありました。
生産性を上げていくのは、効率です。

効率の中から付加価値は生まれません。
付加価値は、生産性とはまったく関係ないのです。
原価100円のモノを1万円で売れるのが付加価値です。
付加価値は、知らない知識・体験・発想から生まれます。
本は付加価値なので、高い・安いの議論はできないのです。

「本が高い」と言っている人は、付加価値に価値を見出していません。
その人は生産性の世界に生きています。
実際、安いほうを選ぶ人は付加価値に興味がありません。
その人は、自分で付加価値を生み出すことができなくなります。
効率や安さに価値を見出す人は、付加価値を否定しています。
付加価値のあるほうを選ぶ人は、付加価値を生み出すことができる人になるのです。

一生仕事に困らないために

35

付加価値に、投資しよう。

36 付加価値を大事にする人が、富裕層になる。

本を生かすかどうかは、読んだ人次第です。

書き手にできることは、半分までです。

本は１万円でも１００万円でも安いのです。

本来、本はそれぐらい価値のあるものでした。

だから昔の人は必死に本を書き写したのです。

グーテンベルクが印刷機を発明する前は、すべて手書きでした。

「修道士しか読んではいけない」という世界です。

もっと昔は、黄色に染めた紙にお経が書かれていて、偉い僧侶と天皇とお公家《くげ》さんしか持つことができなかったのです。

道具は便利になればなるほど、価値がわからなくなります。

価値がなくなるわけではありません。

価値がわからなくなると値段が下がります。


本が簡単に手に入るようになって、読む人と読まない人がくっきり分かれました。

結果として、本はすべての人のものではなくなったのです。

かつて上流階級しか読まなかった本が、今また「付加価値における上流階級」だけのものに戻りました。


本の値段は、これから1冊1万円ぐらいになります。

お医者さんの本は何万円もします。

あれが正しい本の価値です。

本は、そもそも何千部、何万部も刷るものではないのです。

36 付加価値で、勝負しよう。

37 出会いは、勉強と体験から生まれる。

知らない知識を勉強し、知らない体験を求めていくことで出会いが生まれます。

知識と体験を持たずに出会っても、

「また会いましょう」

「もうちょっとあなたの話を聞きたい」

「一緒にごはんを食べましょう」

ということにならないのです。


ネット社会は、同じ知識と体験を持つ人が集まる閉じた社会です。

同じ知識と体験を持たない人は、「あの人は話が合わない」と言われます。

「話が合わない」というのは、発想が違うということです。

発想が違うからこそ、会ったほうがいいのです。

違う発想を自分の中にどんどんインストールできるからです。

自分と考え方の違う人を避けていると、柔軟性がなくなって、永遠に考え方が広がらなくなるのです。

ネット社会は、「同じ考え方だと思っていたのに、ちょっと違った」ということで炎上します。

ネットは本来、知識と体験と発想を広げるものです。

使い方を間違えると、それを狭めるほうに働いてしまうのです。

「人と会いたい、会いたい」と言っている人に限って、同じ知識・体験・発想を持っている人とばかり会っています。

そんな人に何百万人会っても、ひとつも広がっていかないのです。

就活で友達の多さを自慢する人がいます。

友達が多いといっても、しょせん大学生なので狭い範囲でのことです。

私の実家はスナックです。

小学生のころから店のお客さんに連れられて、ホルモン焼き屋さんや、都会のスナックに出入りしていました。

私が学校の先生にまったく文句を言わなかったのは、うちのスナックが先生たちの飲み会の場だったので、先生の酔っぱらっている姿を見ていたからです。

しかも、先生はお客様です。

みんなと違う接点を持つことで、発想が広がっていくのです。

一生仕事に困らないために

37

出会いを求めるより、勉強と体験を求めよう。

38

「売れますかね」と言う人は、「仕事をしたい」と思われない。

仕事や企画を持ちかけた時に、「売れますかね」「儲かりますかね」と言う人がいます。

その人の基準は、最初に「儲かる」というところに来ています。

その仕事を面白がるという発想がないのです。

そういう人は、一緒に仕事をしたいと思われません。

つまらないことを、いかに面白がれるかです。


私は出版社から出された企画を自分で面白がっています。

パッと出されたお題に対して、大喜利のように考えていくのです。

そのほうが自分でお題を出すよりも発想が広がります。

自分でお題を出すと、自分の最初の発想の中で予定調和のものになってしまう危険性があるのです。

私は「お題を客席からいただいている」という感覚で、「そのタイトルなら、こうかな」と考えるのです。

結果としてタイトルが変われば、そこから化学反応を起こせばいいだけです。

仕事は、受注産業です。

与えられたお題を、いかに自分が面白がるかです。

「面白がる」の対極にあるのが、「売れるか」「儲かるか」なのです。

一生仕事に困らないために

38

「売れるかどうか」より、面白がろう。

39

理想のモノを、手に入れなくていい。「マイ新幹線」を所有しなくていい。

転職したいのに、「まだ条件が整っていない」「能力がない」「お金がない」とか言っている人がいます。

あらゆる条件を整えようとする人は、永遠に転職できません。

その人は、準備万端をどこかで待っています。

今の時代は、手に持てる何かを持っているよりも、手に持てない、形のないものを持っているほうが強いのです。

大切なのは、どんな時代になっても、奪われないものを持っておくことです。

戦争を体験した人は、世の中の価値観が変わる体験をしています。

価値観がガラリと変わった瞬間にも、対応がきく人間になれるかどうかです。

たとえば、われわれは新幹線を当然のように使っています。

「マイ新幹線」はいらないのです。

「マイ新幹線」は車庫の心配もしなければならないし、むしろめんどうくさいです。

新幹線はあんなに安い料金で乗れて、メンテも向こうでしてくれます。

それを考えたら、「マイ新幹線」はいりません。

実際、いらないのに持っているものはたくさんあるのです。


そもそも転職が必要なのか。

転職よりも、今の場所で違う働き方ができないか、と考えます。

条件を変えるのではなく、発想を変えるのです。

同じ発想で条件を変えても、結果、うまくいきません。

転職したら幸せになる、結婚したら幸せになるという考え方は、条件や環境を変えることによって物事をうまく進めようとしています。

それは間違った切りかえ方です。

その人はどこへ行ってもまた同じことが起こって、転職を繰り返します。

結局、どこにも働き場所がなくなってしまうのです。

転職面接の時に、前の上司の悪口を言う人がいます。

「そんなことがよく言えるな」と思います。

本人としては間違ったことは言っていないつもりです。

面接官からすると、「この人は次のところでまた同じことを言うんだろうな。こんな人は雇いたくないな」となるのです。

環境を変える必要はありません。

働き方を変えるだけで、転職などしなくてもすむようになるのです。

一生仕事に困らないために

39

場所を変えずに、働き方を変えよう。

40 スタートは「あやふや」でいい。

「したいことを、はっきりと持ちなさい」と言われます。

それを聞いたまじめな人は、「どうも自分のしたいことが、あやふやなんです」と言うのです。

最初は、あやふやでいいのです。

あやふやだからスタートできるのです。

明確に見えてから動こうとすると、永遠に動けません。

準備万端を待っていたら、その人は死ぬまで行動できなくなります。

あやふやだからこそ、途中にいいものがあれば、それを取り入れることができるのです。

目的意識を強く持ちすぎると、その横にあるものが目に入らなくなります。

これは「旅」と「旅行」との違いです。

旅は、ブラブラすることです。

旅行は、目的地に行くことです。

大切なのは、「ここに花が咲いている」とか、「今日は雲がきれいだな」という途中のプロセスです。

これは旅行にはまったくいらない話です。

最初、あやふやだとしても、あやふやでいいのです。

目的とかそんなことはどうでもいいことです。

本をつくる時も、「こんな本やりませんか」「あっ、いいね。とりあえずやってみよう」という形で、とにかく始めます。

大切なのはプロセスなのです。

40 「準備万端」を待たない。

現代アートは、プロセスだ。

41

現代アートは、作品が完結ではありません。

クリストは、あらゆるものを包みたいという変わり者アーティストです。

ドイツの国会議事堂を包んでみたり、今は凱旋門をくるむ企画をやっています。

クリスト自身は亡くなっても、それが引き継がれているのです。

そのプロセスが、現代アートだからです。

茨城県に、直径８・７メートルの傘をたくさん立てるという現代アートの企画がありました。

でき上がったら凄いなとわかりますが、最初は意味がわからないのです。

これは交渉が大変でした。

一軒一軒、芸術に興味のない農家の人のところに交渉に行ったのです。

芸術に興味のある人でも、現代アートがわからない人にとっては、わけがわかりません。

「これをやって何になるんですか」

「いや、面白いじゃないですか」

ということで、「何のために」が何もないのです。

倒れたら危ないとか、田んぼの収穫にマイナスだとか、デメリットは明快に見えますが、メリットは見えないのです。

見えないメリットがわかることが大切なのです。

クリストの作品は、交渉そのものも作品です。

プロセスもアートで、プロセスの写真もあります。

仕事も完成品だけが仕事ではありません。

つくり出していくプロセスを作品として一緒に楽しめるかどうかなのです。

一生仕事に困らないために

41

プロセスを楽しもう。

42

「明日は雨らしいよ」と言われて、「天気予報で、晴れって言ってたよ」と言わない。

一緒に仕事をしたい人は、お互いにアドバイスし合える関係になれる人です。

それは会話の仕方で決まります。

たとえば、「天気予報では、明日は雨らしいよ」と言うと、「いや、私の見た天気予報では、晴れと言ってましたよ」と言われました。

その瞬間、「もうアドバイスはしなくていいかな」という気持ちになります。

この人は、これで損をしていることに気づかないのです。

一方で、「明日は雨らしいよ」に「天気予報見てくれたんだ。ありがとう」と返す人もいます。

そういう人には、また教えたくなります。

一緒に仕事をしたい人になるかどうかの分かれ目は、たったこれだけの違いなのです。

「私が見た天気予報では晴れだと言っていた」というのは、間違ってはいません。

ただし、その人は、そこから先のコミュニケーションを拒否しています。

「見てくれたんだ。ありがとう」という答えもあるという発想が、頭に浮かんでいないのです。

アドバイスとは、その人が持っている情報・体験・発想とは違うものを与えることです。

「○○というお店があるんだけど」と言った時に、「それよりも私がいつも行っているおいしいお店に行きたい」と言う人は、「この人は新しいお店に行きたくないんだな」と思われて、次は誘われなくなるのです。

一生仕事に困らないために

42 アドバイスを、否定しない。

43

協調性とは、ガマンしないで、自分を生かすことだ。

チームワークには、協調性が大切です。

まじめで一生懸命な人は、「協調性」イコール「ガマンすること」と勘違いしています。

協調性は、自分を殺すことだと思い込んでいるのです。

協調性は、相手が言っていることを受け入れて、自分を生かすことです。

相手も自分も生かすのです。

「私がガマンすればいい」というのは、なんのことはない、相手を否定しています。

「お客様だから仕方がない」

「上司だから仕方がない」

「上司だから黙っているけどさ、クソジジイ」
と思っているのです。
それは相手も受け入れていないし、自分も受け入れられていません。
ゼロ・ゼロになって、どちらにとってももったいないのです。
ガマンしていると、逆ギレしたり、急に契約切れになったりということが起こります。
相手を受け入れながら、自分も生かす道を探すことが大切なのです。

一生仕事に困らないために

43

相手を受け入れて、自分も生かそう。

44 「知り合いが働いてるから、聞いてみたら」と言われて、何も聞かず会いに行く。

寺田倉庫の元社長で、中野善壽《よしひさ》さんという方がいます。

中野さんは大学時代に野球の選手でした。

野球選手の生活がむさくるしいからと、毎日お花を買って帰ったそうです。

これだけでオシャレです。

中野さんは、おじいちゃんとおばあちゃんに育てられました。

おばあちゃんが生け花の先生だったので、その関係で花を買っていたのです。

大学生の野球部の選手が毎日お花を買って帰るというだけでも、みんなと違うセンスを持っていることがわかります。

お花屋さんも、そんな中野さんが気になっていました。

「中野君は就職どうするの？」

「何も考えていないんですけど」

「伊勢丹で知り合いが働いているから、会ってみたら」

と言いました。

伊勢丹で何人働いているのかと思う話です。

そんなあやふやな話、普通は「本当に正社員？　バイトさんじゃないの？」と思います。

それでも中野さんは、「さっそく、会いに行ってきます」と言って実際に会いに行きました。

その人は、なんと、伊勢丹の副社長でした。

「君は何ができるの？」と聞かれて、中野さんは「何もできないけど、靴磨きだけはできます」と言って面接に通ったのです。

まるでわらしべ長者のような話です。

毎日花を買いに来るところで、「この子は偉いな。応援してあげよう」という気持ちになります。

1回だけ来て、「誰か紹介してください」と、自分から頼んだわけではありません。

毎日の蓄積があって、すでにお花屋さんの面接に通っていたのです。

お花屋さんは親戚の副社長に「この子はいいよ」と、推薦してくれていたに違いありません。

「そこまで言うなら」という信頼感で通ったのです。

理詰めで理にかなった面接をされていたのです。

一生仕事に困らないために

44

勧められたら、行ってみよう。

45 行き先に関係なく、一番早い便に乗れる。

中野善壽さんは伊勢丹に入って成功した後、鈴屋にヘッドハントされて、青山ベルコモンズをつくりました。

ところが、時代がバブルになって財テクのほうへ走り始めたので、「自分はもっとモノづくりをしたい」と思って会社を辞めたのです。

中野さんほどの人ですから、辞めたらすぐによそから引き抜きが来て、めんどうくさいことになります。


それで、どこか外国にでも行こうと思い、成田空港に向かったのです。

成田空港でのやりとりが、また面白いのです。

「一番早い次の便でお願いします」

「どこ行きですか」

「日本を離れるだけだから、別にどこでもいい」

「シンガポールの便ならありますけど」

ということで、たまたまシンガポールに知り合いもいたので、シンガポール行きの便に乗ったのです。

中野さんは、こんな選び方です。

何にもしがみついていません。

出会ったものを全部拾っていっただけです。

わらしべ長者の凄いところは、選ばないことです。

交換する時に、これは損かな、得かなとは考えていないのです。

一生仕事に困らないために

45

早いほうを、選ぼう。

46 選ばないで頑張っていると、弥勒菩薩があらわれる。

シンガポール行きの飛行機が台北トランジットで長引いたので、中野さんは台北で降りて街をブラブラしていました。

台湾総統府は、日本風の建物です。

台湾総統府と知らずに中に入って、「中を見せてください」と言いました。

「アポはあるか」

「アポはない」

「アポがないとダメだ」

「器の小さいこと言わないで」

そんな交渉をしていたら、「何をもめているんですか」と、日本語で話しかけられたのです。

「中を見せてほしいと言ったんですけど」

「急には無理だけど、２時間後に15分だけなら」と言って、その人がアポをとってくれました。

その人は局長さんで、偉い人だったのです。

最初は日本語だったのですが、「日本語は片言なので、英語でお願いします」と言われて、中野さんはブロークンイングリッシュで話し始めました。

「受け身の商売をしていたら、これからの台湾はダメだ」

「付加価値を生み出すために、お客様とダイレクトにつながったほうがいい」

「ヨーロッパ、アメリカ、欧米の下請けをやっている時代は終わった」

そんな話をして15分がたちました。

中野さんが「続きは明日も話す」と言うと、局長さんは「明日の行き場所を連絡しますから、ホテルを教えてください」と言ったのです。

中野さんが「ブラッと来たからホテルはない」と言うと、ホテルもとってくれました。

次の日、中野さんは言われたところに行ってみました。

そこは生産センターというところで、企業の社長さんたちを教える学校でした。

中野さんは、そこで1日4コマ週5日、8週間教えることになったのです。

9週目に、生徒の社長から「うちの新しくできるデパートの責任者をやってくれ」と言われました。

そこは台湾の二大財閥の1つです。

ライバルの財閥も、生徒はみんな社長です。

中野さんは、そこのCOOになりました。

結局、ブラッと降りた台湾に27年いて、その間、家も持たず、ずっとホテル暮らしです。

この話の面白いところは、選んでいないことです。

中野さんは、**「選んでいないと弥勒菩薩《みろく》があらわれる」**と言います。

弥勒菩薩を探すのではありません。

その場所で仕事を頑張っていると、やっと弥勒菩薩が通りかかるのです。

46 選ばない。

第4章

思考と行動のスピードを上げると、チャンスが増える。

47

「ダメだ」「凄い」より、「自分だったらこうする」を常に考える。

世の中の意見は、「ダメだ」「凄い」という2つが多いのです。

本も「あの本はダメだ」「あの本は凄い」と言われます。

「ダメだ」と「凄い」は言いやすいのです。


一緒に仕事をしたい人は、「自分だったらこうする」と考えられる人です。

博報堂にいた時、私は常に仕事を依頼される立場でした。

今でも「これを自分が頼まれたらどうしよう」と、いつも悩んでいます。

これは職業病です。

ベストセラーの本を見ると、「こんな本を書いてくださいと言われたら、自分だったらどうするだろう」と、依頼されていないのに考え始めます。

テレビ番組を見ていても、「この番組に出演依頼されたら、自分だったらどうしよう」と、常に考えています。

コメンテーターではなく、見ている側なのに、「今ここでコメントするならどうしよう」と、必死に考えてヘトヘトです。

常に「自分ごと」になっているのです。

他人ごとで何かを批判したり批評したりするのは簡単です。

「このＣＭはつまらない」と言う人がよくいますが、私は「このスポンサーさんは厳しいのに、よくここまでできたな」と考えます。

「あのＣＭは面白い」と言う人がいたら、「これはコンテの段階で企画が通らないだろうな。このプレゼンをどうやって通したんだろう」というロジックを考えます。

これが「自分ごとにする」ということなのです。

一生仕事に困らないために

47

「自分ごと」にしよう。

48
「なんで？」と考えるより、「どうしたら解決できるか」を考える。

台湾のデジタル担当大臣オードリー・タンさんは、子どものころ親に叱られたことがないそうです。

常に質問の形で来るというのが親から受けた教育です。

たとえば、学校に忘れ物をして親に叱られます。

ここで「なんで忘れるんだ」と言うのは叱っています。

部下が失敗した時も、「なんで失敗したんだ」と叱ります。

上司が自分のアイデアをボツにしたら、「なんでボツなんですか」と食ってかかります。

「なんで？」と言うと、ケンカ腰になって先に進まないのです。

オードリーさんのお父さんは、「忘れ物を解決するにはどうしたらいいだろうね」

と質問しました。

「忘れたのは寝坊したからだ」

「どうしたら寝坊しないで済むのだろう」

「夜、早く寝る」

「夜、早く寝るにはどうしたらいいだろうね」

「ゲームをやめる時間を決める」

「よし、じゃあ、それをトライしてみようか」

こういう指導の仕方です。


叱るのは、上から下だけではなく、下から上も「文句」という形で叱っています。

「なんで？」ではなく、常に「どうしたら」と考えることです。

大切なのは、考えて終わりではなく、考え続けることなのです。

一生仕事に困らないために

48

考え続けよう。

49

工夫した後に、もうひと工夫できる。

「工夫が大切」と、よく言われます。

工夫も、工夫し続けることが大切です。

1つ工夫すると、それならこれもしたい、あれもしたい……と、次の工夫を呼び込みます。

工夫が連鎖していくところが、工夫のよさです。

工夫は常に「工夫ズ」という複数形です。

単数の工夫はありません。

「ここを工夫したら、これもやりたいな」→「そうするのなら、こういうふうにしたらどうだろう」と、工夫を次から次へと呼び込むのです。

「工夫しました」というのは、工夫がとまっています。

それはありえません。
工夫は連鎖してエンドレスなので、とまらないのです。
工夫のチャンスは、工夫した直後にあります。
「もう工夫しました」と言った時点で、工夫はとまっています。
本来、工夫すればするほど、とまらなくなるのが工夫なのです。

一生仕事に困らないために

49 工夫を、とめない。

50

気づく人は、気づく。

「アパ社長カレー」は、アパホテルが開発したレトルトカレーです。

普通は「アパカレー」とするところを「アパ社長カレー」としているところが面白いのです。

「アパ社長カレー」と同じパッケージで本にしたのが、元谷拓《もとやたく》さんの『アパ社長カレーの野望』です。

この本自体が、工夫の塊です。

これは元谷さんに直接聞いた話です。

「野望」は普通、批判的な言葉です。

それを身内側から書くところに、ひねりがあります。

中は面白い工夫でいっぱいです。

たとえば、27ページのノンブルのところに魚の絵が描かれています。

ほかのページには描かれていません。

元谷さんは「これ、何でかわかります？　マグロなんですよ」と言いました。

マグロ、つまりツナ（27）ということです。

気づく人は気づきます。

校正の人が「汚れかな」と考えて削ってしまうようなことです。


本の中で、アイデアを生み出すために大切なことを10個挙げています。

その中に「オムライスを食べる」というのがあって、そこにだけオムライスの絵が描いてあります。

元谷さんはオムライスが好きなのです。

「新しく人に会う」とか書かれている中で、そこだけトーンが違います。

そこで、ひっかかりが生まれるのです。

まじめなことを10個書くと、スルスルと流れてしまいます。

私も師匠から「ちょっとザラッとしたところを残せ。きれいすぎるなよ」と言われていました。

「10カ条」と書くと、普通は1つ、2つ読んだら、「大体そういうことね」と、あとは読まないで流してしまいます。

そこにヘンなものを1個まぜておくことで、引っかかりが生まれて、ほかの9個も読んでくれるのです。

本には、そんな細工がたくさんあります。

工夫がとまらなくなっているのです。

「アパ社長カレー」のパッケージも面白いのです。

カツカレーが描かれているのに、カツは入っていません。

これはツッコミが入ります。

マツコ・デラックスさんも「カツ入ってるの？　入ってないじゃないの」とツッコみました。

ツッコまれることを想定したパッケージです。

企画会議にかけると、「カツが入っていないというクレームが来たらどうします？　これははずしましょうよ」となります。

ツッコんでもらうことまで考えているところが工夫なのです。

一生仕事に困らないために

50

ツッコまれよう。

51

通っている小学校が不満な時は、自分で小学校をつくる。

仁禮彩香《にれいあやか》さんは、現役大学生の起業家です。

彩香さんのお母さんは、もともと幼稚園の先生で、子どもにだけは自由な幼稚園に行かせたいと思っていました。

いい幼稚園が見つかるまで子どもは産まず、見つけてから子どもを産むことを決めたという凄いお母さんです。

見つけたといっても、クルマで片道1時間ぐらいかかる湘南インターナショナルスクールです。

彩香さんは、そこで自由な教育を受けました。

その後、普通の公立小学校に行くと、いきなりギャップがあるのです。

「先生が答えを知っている質問をする。こんなことはありえない。知らないことを一緒に考えたいのに。不思議」と、ビックリしました。

彩香さんは、これはやっていられないと思って、湘南インターナショナルスクールには小学校がなかったので、校長先生に頼んで小学校をつくってもらったのです。

その後、彩香さんは公立の中学校に進学しました。

もちろん先生は普通の先生です。

その時は成長していて、先生に余裕がないことを見抜いていました。

「先生はなぜこんな授業しかできないのか」→「先生に余裕がないからだ」→「余裕がないのは社会経験がないからだ」→「だったら自分がみんなの先生がわりにならなければ」と考えました。

湘南インターナショナルスクールのシンキングチェア（考える椅子）のように、**自分がみんなの「考える椅子」になろうと決意したのです。**

自分はもっと社会のことを勉強したいのに、先生は社会のことを知りません。

それを解決するために、中学２年生の時に起業したのです。

社員は湘南インターの同級生の子を雇いました。

中学校はアルバイト禁止です。

それに引っかからないように、給料はストックオプションで渡したのです。

母校の湘南インターナショナルスクールが、財政難で倒産の危機に陥ったことを知って、彩香さんは湘南インターナショナルスクールを買い取りました。

中2が母校を買い取るという発想が凄いです。

一生仕事に困らないために

51

なければ、自分でつくろう。

52

「会社をつくりたい」と言うなら、すぐつくればいい。

「僕も会社をつくりたいんです」と言う人がいます。

すぐつくればいいのです。

私が会社をつくった時代は、資本金が１０００万円必要でした。

そのころのアメリカは、会社を２ドルでつくれたので、アメリカはいいなと思っていました。

今は日本もそんな時代です。

ベンチャー、アントレプレナー準備中というのは、おかしいのです。

さっさと登記して、起業してから仕事を考えればいいだけのことです。

「したい、したい」と言っている人は、一生しないままです。

その人は確実に損しない形でしたいのです。

「自分がしたい業務を見きわめてから」と言いますが、業務の定款は書きほうだいです。片っぱしから並べて書いておきます。

それでなんの不具合もないし、後から書き足すこともできるのです。

仁禮彩香さんは、学校の校長先生に「こんな面白い授業がありますけど、買いませんか」と売り込みに行きました。

校長先生が「ハア？」となっているので、「ダメだ。校長先生には授業を買う余裕がないな」と気づいて、今度は企業に売りに行きました。

会社には、CSR（企業の社会的責任）の予算があります。

そのCSRの予算をもらって、最初の収益を上げたのです。

面白いのは、彩香さんの会社は、20歳で定年です。

20歳になったら後輩に会社を譲って、また次の会社をつくります。

今はそういう時代なのです。

52 「したい、したい」と言う前に、しよう。

53 解決しなくても、作戦を考える。作戦は、解決しなくてもできる。

「解決策が見つからない」と言います。

解決と作戦の２つがあるのです。

問題を解決しようと思うと行き詰まります。

解決ではなく、作戦を考えたほうがいいのです。

作戦は解決しなくても立てられます。

開き直りです。

たとえば、ズボンのチャックの閉め忘れ問題です。

私は遠足塾で、塾生を美術館に連れて行きます。

私が一生懸命、興奮して説明していると、「先生、チャックあいてます」と言われます。

そういうことが、けっこうあるのです。

トイレに行っている間に、「次はあそこに行って、あれを説明して、あの話もして……」と考えていると、チャックを閉め忘れるのです。

生徒にチャックの閉め忘れを指摘されたらムッとする先生が多いですが、私はまったくムッとしません。

「チャックをいちいち閉めているようでは集中力が足りない」

と開き直っています。

電車で本を読んでいて、自分の降りる駅で降りられるようでは、電車で本を読む資格はありません。

その人は、本の世界に入っていないのです。

ほとんど閉まっているから、たまにあいている時に「あいてますよ」と言われるのです。

「先生はわざとあけているんだな」と思われるぐらいの開き直りが作戦です。

一生仕事に困らないために

53

開き直ろう。

洋服ならチャックがあいているデザインにしておけばいいのです。

年配の人が、若者に「シャツが出てますよ」と注意しています。

あれは、シャツを出すファッションです。

ファッションにすることが、作戦を考えるということです。

作戦は開き直りから生まれます。

そこに痛快感があるのです。

54

映像にすることで、抽象的なヒラメキが、具体的なアイデアに変わる。

アイデアにするために大切なのは、打ち合わせで一緒に絵が見えていることです。

絵が見えていない人は、何かつまらないのです。

企画を話している時も、抽象的で、言葉だけでとまっています。

「面白そうだね。それやりたい。やろう、やろう」と思うのは、映像にまで落ちていることです。

抽象的なヒラメキを、いかに具体的なアイデアに落とし込んでいくかです。

具体的なアイデアは映像になっています。

食事の誘い方で「和洋中どれがいいですか」と言われたら、映像が浮かびません。

和食は幅が広いのです。

洋食も和食です。

ハンバーグも和食です。

「ここのオムライス、チョーおいしいんですよ」と言われたら、そのオムライスが気になります。

オムライスが和食だろうが洋食だろうが、どちらでもいいのです。

「ここのトンカツ屋のキャベツがチョーおいしいんですよ。キャベツだけでいけるから、トンカツはいらない」と言われたら、キャベツの絵が浮かびます。

「ここのウナ重のごはんにかかっているタレがチョーおいしくて、ウナギいらないですよ」と言われたら、タレのかかった茶色いごはんの絵が浮かびます。

「和洋中の何がいいですか」と言われても、何も選択ができません。

一緒に仕事をしたいのは、一緒の映像を共有して盛り上がれる人です。

文字だけで話されると、一緒に盛り上がれないのです。

一生仕事に困らないために

54 形にしよう。

55

絵のないところで、絵を見せよう。

平尾健治さんは、レストランで取締役をしています。

彼はメニューの説明をする時に、いつもメニューを小脇に挟んだままで見せてくれません。

「中谷さん、今日のパスタはですね」と言って、こうして、こうやって、こうなってるんですよと、目の前でパスタをつくり上げていくのです。

それがおいしそうで、つい頼んでしまいます。

メニューを渡す人は、ただ読むだけです。

読むだけのメニューは、まったく意味がないのです。

プレゼンでも時々、紙やパワポを読んでいるだけの人がいます。

これではまったく絵が浮かびません。

ウェブ会議になっても、テキストで逃げている人は絵が浮かばないのです。
私は映画の話を映像なしで話します。
それは、淀川長治さんや浜村淳さんも同じです。
淀川さんと浜村さんは、ラジオで育っています。
ラジオは、絵のないところでいかに絵を見せられるかが勝負です。
ラジオショッピングは、テレビショッピングに比べて返品が少ないのです。
テレビショッピングは、「思ったのと違う」ということで返品になります。
「思ったのと違う」のではありません。
あれは外国人モデルさんが着ていたからオシャレに見えたのです。
背格好も違う自分が着たら、違うのは当たり前です。
ラジオは自分でイメージします。
ラジオでネクタイを買えるのは、パーソナリティーを信頼しているからなのです。

一生仕事に困らないために

55 絵をイメージさせる工夫をしよう。

56

質問されたら、即答できる。レストランで、オーダーが早い。

一緒に仕事をして楽しい人は、即答できる人です。

「あっ、いいですね」とか「それはいまいちだな」とか、イエスもノーも即答してほしいのです。

「これはちょっと……」「うーん……」「それもありですけどもね……」と言うのは、ノーということです。

それなら最初から「ノー」と言ってほしいです。

ノーのほうが答えを言うまで長引きます。

即答してくれれば、別の案を考えられるのです。

即答できる人は、レストランでのオーダーも早いです。

ファミレスのメニューは何ページもあって、それが何冊もあります。

メニューの中に、挟み込みとか、季節のスペシャルがあったりします。

セットのハンバーグもあれば、単品のハンバーグもあって、同じものが何回も出てきます。

昔の大衆食堂で、メニューの貼り紙がたくさん貼ってあるような感じです。

あれを最後まで見ていたら、決めるのに時間がかかるのです。

一緒に仕事をしたい人は、メニューをパッとあけて、「あっ、これ」と言って決められる人です。

イメージがついているのです。

全部見る人は、相対的に決めています。

相対的に決められると、うれしくないのです。

私は以前、自宅で打ち合わせをしていました。

ガラステーブルなので、編集者のハダシの足元がよく見えます。

私が「こんな企画どう?」と言うと、編集者は全員「あっ、いいですね」と言ってくれます。
イエスも「いいですね」、ノーも「いいですね」です。
見きわめ方は簡単です。
「いいですね」と言う時に足の親指が白くなったら、イエスです。
思わず足を踏み込むから、親指に力が入って白くなるのです。
足はホンネが出ます。
上半身は取り繕えても、下半身は取り繕えないのです。
パーティーとかで帰りたいと思っている人は、下半身が向こうを向いています。
ここで「この人はあまり話したくないんだな」とわかります。
本当に話したいと思っていたら、体は正対します。
下半身はウソをつけないのです。

56 オーダーを一番にしよう。

第5章

面白い仕事を探すより、出会った仕事を面白くする。

57 くだらないアイデアを、出し続ける。

いいアイデアは、くだらないアイデアから出ます。

アイデアが出ない人は、カッコいいアイデアを出そうとしているのです。

「中谷さんが、くだらないアイデアも出したほうがいいと言うので出したら、それはこういう理由でダメだとか、前にやったけどダメだったとか、君は知らないかもしれないけどと言われて、叩《たた》きつぶされるんです」と言って、くじける人がいます。

自分のアイデアを否定された時は、「だったらこうしましょう」と、次のアイデアを出すチャンスです。

ホテルのレストランでビュッフェのアイデアを出すと、「毎日お相撲《すもう》さんが来たらどうするの」という意見が必ず出ます。

そういう時は、「なるほど、いい気づきですね」と言えばいいのです。

「来ないですよ」とか「来ますかね」と言うと、話が進みません。

「いいですね」と言って、「じゃあ、１カ月間、お相撲さんが何人来るか調べましょう」

と言うのがコツです。

実際はそんなに来ません。

お相撲さんは、そんなに数がいないからです。

実際、食べほうだいで原価以上に食べる人は２％未満です。

水かけ論は試してみればいいのです。

一生仕事に困らないために

57

否定されたら、「だったら、こうしよう」とアイデアをさらに出そう。

58

「自分らしさ」にこだわらないことで、新しい自分に出会える。

「自分らしさ」という言葉を出してくる人は、つまらないのです。

その人は、幅がどんどん狭まっていきます。

面白いことは、自分らしくないところにあるのです。

その人の未来がどんどんしぼんでいくのは、「自分らしい」とか「自分らしくない」とか、自分らしさにこだわっているからです。

「自分らしさってなんだろう」と、自分探しをしている人もいます。

結局、新しいことにチャレンジできなくなって、今あるものにしがみつくようになります。

その人は自分を捨てられないのです。

一生仕事に困らないために

58

「自分らしくない」不安定な状況に身を置こう。

いかに自分らしくない不安定な状態に置くかです。

自分らしいというのは、結局、いつものお店に行って、いつもの席に座って、いつものものを頼むことです。

それでは何も進みません。

脳が活性化しなくなって、つまらない人になっていくのです。

59 自分の知らない知識・体験・発想を持っている人に会う。

一緒に仕事をしたいのは、自分の知らない知識・体験・発想を持っている人です。

そういう人を知っていたり、そういう人と会おうとしている人です。

いつもの仲間で群れている人は、知っている知識・体験・発想の中で生きています。

面白いのは、「エッ、なんだこれ!」というものに出会えることです。

そこで好き嫌いを言うと、結局、好きなものにしか行かなくなるのです。

若手のアイドルの子たちとごはんを食べに行く機会があって、みんなに好きなものを頼んでもらいました。

ウニのパスタが来た時に、誰も手を挙げないのです。

「自分が頼んだものぐらい覚えといてよ」と言いながら、見ると、まだ料理が来ていないコがいました。

「君、来てないじゃないか」と言うと、「私はウニじゃなくて、雲の何とかというパスタを頼んだんです」と言ったのです。

それは雲丹（ウニ）です。

「君はどんなパスタが来ると思ったの？」と聞くと、「いや、雲のパスタってなんかおいしそうじゃないですか」と言うのです。

こういう人は売れるのです。

雲丹（ウニ）と読めてウニのパスタを頼む人より、「雲のパスタってなんだろう」と思って頼める人のほうが柔軟性があります。

通常、カルボナーラが好きならカルボナーラを頼みます。

知っているカルボナーラがあるのに、わからない雲のパスタをわざわざ頼むところが面白いのです。

一生仕事に困らないために

59

いつもの仲間で、群れない。

60

クイズの理想は、説得力のある理由で、はずれることだ。

私はクイズ番組に出る時に、説得力のある理由を語って、はずれているというのを目指しています。

『世界ふしぎ発見！』に出た時は、黒柳徹子さんに「あっ、それだわ。きっと」と言われながら、はずれているのです。

それは視聴者もそう思ってくれています。

当たったら、ただのウンチクの披露になってしまうのです。

目指しているのは、ランニングホームランで、本塁で刺されることです。

「走りまわってアウトかよ」という状況です。

見ている人は、そのほうがハラハラできます。

一生仕事に困らないために

60 走りまわって、本塁で刺されよう。

ホームランになると、そこで完結してしまいます。

そうではなくて、振り逃げで一塁に行ったら、キャッチャーが慌てて悪送球して二塁まで走ります。

そこでまた悪送球で三塁に走って、そこでも悪送球で本塁まで走ります。

それで結局、本塁で刺されるのです。

これがプロセスの楽しみ方です。

1点取ったか取らないかよりも、そのバタバタ感を楽しみたいのです。

他人のアイデアに、アイデアを足せる。

61

一緒に働きたい人は、くだらないアイデアにも「面白いね。だったらこうしたらいいんじゃない？」と言える人です。

アイデアにアイデアを積み重ねていけるのです。

ほとんどの人は、アイデアに対して、いいのか悪いのか、裁判官になってジャッジしてしまいます。

それをされると、一緒にいる人はアイデアを出す気持ちがなくなるのです。

知り合いの経営コンサルタントの人たちと泊まりがけで温泉に行って、ひと晩中くだらない話をしたことがあります。

大企業の経営コンサルタントをしているような人たちが、

一生仕事に困らないために

61 否定より、アイデアに乗ろう。

「こういうバッタもんをつくったら面白いんじゃないか」
「面白いですね」
「こんなもの工場でつくったら終わりだから、売り逃げにすればいいんだよね」
という話をしているのです。

現実性のジャッジは後にします。

まずは、こうやって、こうやったら、こういうふうになるよねと、くだらない話を真剣にします。

まじめな話を、いいかげんにするのではありません。

くだらない話を、いかに真剣にするかなのです。

62

その場で思いついたアイデアを語るのが、一番面白い。

面白い人は、その場で思いついた話をしてくれる人です。

物足りないのは、どこでも話している話題しか出てこない時です。

多くの人のインタビューをしました。

インタビューをする時は、事前にその人について雑誌のインタビューや本を読んで行きます。

雑誌や本に載っている話をもう1回されても面白くありません。

それは、よそでも話していることです。

エピソードが、1つのネタのように固まってしまっている人もいます。

そんな中で、荒俣宏《あらまたひろし》さんは違います。

荒俣さんは「中谷さんの話を聞いて、今思い出したんですけど」と言いながら、コーヒー1杯で延々と話すのです。

ある時、荒俣さんとの対談本を出すために打合せに行きました。

私が「忙しいところすみません。今度一緒に本を出すので、どんな本にするか軽く打合せだけでもしましょう」と言うと、荒俣さんは「ここで面白い話が出たらいけないから、カセットテープをまわしといて」と言いました。

そして、「こういうのも面白いですね。ああいうのも面白いですね」という話をしていたら、すでに2時間たっています。

私は「あれ？　荒俣さんは今日が本番だと思ってるんじゃないかな」と心配になってきました。

荒俣さんは「中谷さん、カセットテープが足りません」と言いました。

多めに持ってきた2時間のカセットテープ3本を使い切って、6時間半を超えているのです。

「これをどうまとめよう。今日は本番という体《てい》にしようかな」と思っていたら、荒俣さんは「で、中谷さん、どんな本にします？」と言ったのです。

今までのは、荒俣さんの中では雑談だったのです。

やっぱり天才だなと思いました。


その時点で、すでに1冊分の分量を超えています。

私は2冊目をつくるつもりで、「次回またぜひお話しさせてください」と言いました。

次に行った時、荒俣さんが「すいません。今日は風邪ぎみで頭が痛いので、ちょっと短くしてくださいい」と言うので、私は「大丈夫ですよ。前回の分で悠々2冊分ありますから」と言いました。

ところが、この時も6時間半話したのです。

どうやら荒俣さんの中では「6時間半」が最小単位としてあるようです。


面白いのは、荒俣さんが全部その時に思いついた話だということです。

私の話を受けて、荒俣さんのあの大英博物館のような頭から次から次へと出てくるのです。

これは一緒に話していて楽しいです。

一生仕事に困らないために

62 思いつきで話そう。

面白くない人は用意された話をします。

ここの違いです。

東京ベイヒルトンの元副総支配人で、ザ・ウィンザー・ホテルズインターナショナルを創業した窪山哲雄《くぼやまてつお》さんは、「今、中谷さんの話で面白いアイデアを思いついた。これをやろう」と、その場でどんどん思いつきます。

何かの説明とか、あらかじめ用意してきた話をするより、そのほうがはるかに面白いのです。

63

「くだらない」ことを、面白がれる。

荒俣さんは、ヘンな人をたくさん知っています。

荒俣さん自身もヘンな人です。

ヘンな人は、ヘンなことをしている人とつながっていくのです。

ヘンな人は、ヘンなものを集めています。

それを面白がるヘンな仲間もいるのです。

くだらないことの価値を、どれだけ味わえるかです。

会議では、「もっときちんとしたアイデアはないの」とか、「もっとインパクトが強くてベストセラーになるようなアイデアはないの」と言われます。

私は師匠に「明日までにコピーを３００本書いてこい」と言われたら、５００本書いていきます。

師匠に「またこんな書いてきて。手ぇ疲れるやんか」と言わせるために、５００本書くのです。

師匠は、それを1案1案見ていきます。

時々、「アホなこと考えとんな。こんなんヒマな時にせぇ。これは何かで使うから、とっとけ」と言って横に置かれるのがうれしいのです。

師匠を笑わせるために入れているコピーもあります。

それをムッとしないで、笑いながら「これとっとけ」と言ってくれる師匠には、もっとアイデアを持っていこうという気持ちになるのです。

学校でも、生徒の意見を先生が黒板に書いてくれたら、その生徒はもっと意見を出そうという気持ちになります。

「その意見はこれとほぼ同じだね」と言って書いてくれないと、言う気がなくなります。

講演の質疑応答で、私は「最初はできるだけくだらない質問をしてね」と言っています。

一生仕事に困らないために

63

「くだらない」と言われることを、恐れない。

「堺・教師ゆめ塾」で、先生になろうとしている人が「中谷先生はどこで散髪しているんですか。僕もそこで散髪しようと思います。僕もその髪型にしたいので、後で写メ撮らせてもらっていいですか」と言いました。

いい質問です。

このくだらなさでいいのです。

最初からきちんとしたまじめな質問をすると、後の人が「ああいうきちんとしたことを聞かなくちゃいけないのか」と思って、質問しにくくなります。

私は「まだくだらなさが足りない。もっとくだらない質問がある人」と言っているのです。

64 くだらないことを共有して楽しめるのが、仲間だ。

仲間は、同じ話を何度でも話せます。

これは大切なことです。

仲のいい老夫婦は、１００万回している話をゲラゲラ笑ってできるのです。

大切なのは、「その話、もう１００万回聞きました」と言わないことです。

同じ話をしてくれるのも仲よしの象徴です。

それを何回でも楽しめるのが、仲よしの証です。

ルー大柴さんは、36歳でブレークしました。

私はその時31歳で、ルーさんと一緒に仕事をしました。

ルーさんは、愛のある説教魔です。

一生仕事に困らないために

64 同じ話を、何度でも楽しもう。

お酒なしで説教が始まって、説教しながら自分で泣いています。

昔話が始まると、とまりません。

私は「今日はこの後忙しいのに、ヤバいな。今日の話は1時間半バージョンだな」というのがわかりながら、「それでルーさん、どうしたんですか」と、聞く係をずっとしていました。

くだらない話を何度もしていると、膨らみが出てきます。

同じ話から何か新しいものが生み出されるのです。

65 変なところに、線を引こう。

子どもは、同じ絵本を何度でも読んでもらいたがります。

これは大切なことです。

私は同じ本を何回でも読めます。

読むたびに違うところに、線を引いているのです。

大学時代のたった1人の友達に「おまえはヘンなところに線を引いてるね。なんでこんなところに線を引いてるの」と言われました。

私は線を引く時に、オレンジのデルマトグラフを使います。

カメラマンが、写真フィルムに印をつけるのに使うものです。

あれは芯にワックスが含まれているので、強い力でグリグリ書けるのです。

赤鉛筆では、そこまで強く書けません。

65 気づく人に気づくことをしよう。

私は、線を引く時は興奮してグリグリ書いています。

しかも、線は曲がっています。

その友達がまた、定規で下書きをした後、赤のボールペンで線を引くという几帳面《きちょうめん》な男でした。

くだらないところに線を引いているから、同じ本を何度でも読めるのです。

「だから、なんなんだ」という話です。

気づかれなくてもOKで、いちいち説明しません。

10人に1人ぐらいしか気づかなくても、よしとします。

全員が気づくような趣向は、見せつけすぎで遊び心がないのです。

66

自分を捨てて、役になり切れる。

役者として演技をする人間は、照れないことが大切です。

照れる人、緊張する人は、自分を捨てていません。

自分を捨てられないから照れるのです。

「役」は、「自分」とは違う人間です。

役になり切っていると、ベッドシーンも照れないし、殺される役でも平気です。

「自分」が出ていると、イヤな役はやりたくないし、ベッドシーンが恥ずかしいのです。

熊本で「城の湯」という日帰り温泉をやっている大津雄一君という人がいます。

私は大津君に「いろんな仕事を受けたほうがいいよ」とアドバイスしました。

「プロレスの依頼が来たので、温泉でプロレスをやりたい」と言うので、私は「それは絶対やったほうがいいよ」と言いました。

後でユーチューブでそれを見せてもらいました。

大津君は「自分は堂々感が足りなかったですね」と反省していました。

私は「自分でキャラをつくって役にならなくちゃあ」と言いました。

レスラーの人たちが「女湯でやるぞ！」と言って入ろうとする時に、「どうぞ、どうぞ」と言ったら、見ている側は面白くありません。

「ここはちょっと……。お客さん、いませんか？」と止めに入って、突き飛ばされるのが役としておいしいのです。

「おまえも入れ！」と言われて、「やめてください、やめてください。そんなつもりじゃないんですけど」と言ってスーツをバッと脱いだら、下にきちんとレスラーパンツをはいているのが面白いのです。

これが役になり切るということです。

自分を捨てて、役になり切って楽しむことが大切なのです。

66

自分を捨てよう。

67 面白い会社は、キャラができ上がっている。

私はルー大柴さんと一緒に、相鉄ジョイナスや池袋サンシャインの噴水広場など、外のオープンスペースで収録をしました。

私が「ルーさん、今日もまた海パンになるんですか」と言うと、「中谷さん、勘弁してくださいよ。僕はもう40歳になったんですよ。そんなこといつまでもやってられませんよ。みっともない。子どもも大きくなってきたんだから」と言いながら海パンになったのです。

私は「やっぱり脱ぐんじゃないですか」と言いました。

１つの仕事を通して、お互いが役を演じられることが大切です。

面白い会社は、キャラができ上がっています。

そのキャラクターが、アドリブでジャムセッションをしているようなものです。

叱り役がいて、叱られ役がいて、ボケ役がいてまわっていくのです。

「叱られてかわいそう」ではなく、叱られ役を演じているだけです。

ヤクルトでは、古田敦也《ふるたあつや》さんが、野村監督の叱られ役でした。

誰かが叱られ役やピエロ役をしてボケることで、緊張感がほぐれて新しいアイデアを生み出すキッカケになるのです。

なかでも必要なのは、ズバッとホンネを言うピエロ（トリックスター）役です。

営業さんが言うと角が立つことも、クリエーターが言うと、「こいつヘンなので許してください」と言って許されたりします。

クリエーターは、ズバッと言う係なのです。

私が上司から学んだのは、「ズバッと言っても、顔面にぶつけてはいけない」「ボールを投げてもいいけど、きちんとゴムをつけて顔の手前の寸止めで戻ってくるようにする」ということです。

67 ピエロ役になろう。

68

動詞で言い切る、短い文章を書く。

一緒に仕事をする時は、コミュニケーションが大切です。
長話は、こちらが入っていくので別にいいのです。
コミュニケーションがしにくいのは、１つの文章が長い人です。
その人は、相手の顔色を見ながら話しています。
いつまでもボールが離れないので、キャッチボールができないのです。
一緒にいて楽しいのは、キャッチボールができる人です。
単語で終わる人は、コミュニケーションがしにくいです。
それがどうなるのかわからないからです。
体言止めにして解釈を相手に委ねるのは、相手の顔色をうかがいすぎです。
動詞まで言い切って、よけいな修飾語をつけない短い文章を積み重ねたほうがいいのです。

短い文章で話し、短い文章で書く人は、言いたいことがよくわかります。

そういう人は、一緒にキャッチボールをしていて楽しいのです。

長い文章になると、言いたいことがどんどんオブラートに包まれていって、どちらでも解釈できる文章になります。

ありでもなしでも、ボケならボケでも、イエスでもノーでもいいから、短い間隔でボールをポンポン投げていったほうがいいのです。

キャッチボールは、自分がボールを長く持たないのがコツです。

チームの競技では、パスは早く出します。

バスケットで言うトラベリングにならないことが大切なのです。

一生仕事に困らないために

68 短く、話そう。

69

作業しながら、考える。

作業しながら考えて、考えながら作業できる人と一緒に仕事をしたいのです。

マッサージの最中に、話しかけると手が止まるマッサージ師さんがいます。

マッサージされている側は「何かあったのかな」と不安になります。

そういう人には話しかけにくいです。

まじめな人で、考えている時に手が止まってしまうのです。

話しながらマッサージすることで、お客様はリラックスできます。

マッサージされていることも忘れてしまうほどです。

ラウンジでピアノを弾いている人に話しかけた時に、ピアノの音をとめられるとガクッとなります。

そこはピアノを弾きながら話してほしいのです。

一緒に何かをする時には、作業をしながら同時に考えるようにします。
リレーゾーンに一緒にいるのと同じです。
リレーゾーンでは、両者が走りながらバトンを渡します。
バトンは「言葉」であり、「考える」ということなのです。

一生仕事に困らないために

69

考える時、作業をとめない。

70

「代打」を頼まれる存在になる。

私が一番好きな仕事は、「原稿に穴があきました。中谷さん、何か書いてください」という依頼です。

まじめな作家がこだわりすぎて、よく原稿を落とすのです。

急に頼んで書ける人は、中谷彰宏しかいないのです。

私は、その係が大好きです。

そうしてつくった本は、いい本になるのです。

力みもないし、頭の中でグジグジしないで、勢いでつくっているからです。

企画は、勢いが大切です。

うれしいのは、「すみません、本当に失礼なお願いなんですけど、急ぎでお願いできますか」という依頼を持ってきてくれることです。

私は誰かの穴を埋める代打です。

その時に私を思い出してくれたのが、少しうれしいのです。

いつでも代打を頼まれる存在でいることが大切です。

レギュラーになるよりも、代打を頼まれた時に、いつでも出られる態勢にしておくのです。


頼む側としては、頼める関係ができています。

頼まれる側としては、頼まれたら絶対ノーとは言いません。


野球には、代走専門、代打専門の人がいますが、いつ試合に出られるかわかりません。

エースは、究極、ワンポイントリリーフになっていきます。

左バッターに対する左ピッチャーとして、その選手1人のためだけに出るのです。

いつ出られるかわからない状況で、常にダンドリをしています。

ピッチャーで一番カッコいいのは、ワンポイントリリーフなのです。

一生仕事に困らないために

70

ワンポイントリリーフになろう。

71 受けている人が「神回」にする。

誰かの原稿が落ちた時に急いで代わりの原稿を書くという仕事は、自分のためにあると思っています。

どんな仕事でも、「これは自分のためにある」と考えられる仕事が天職です。

天職は、自分で天職にしていくのです。

「神回」という言葉があります。

私の授業でも「今日の授業は神回」と塾生が言ったりします。

それは私の授業は関係ありません。

受けている塾生が、神回にしているのです。

神回の授業があるのではなく、神回の受け方があるだけです。

「神本」も、「神本」という本があるのではありません。

読み手が「神本」的な読み方をしているのです。

うれしいのは、**「これは私のために書いてくれた」**というお手紙をもらった時です。

「いい読み方をしてくれたな」と思います。

コンビニではBGMが流れています。

それを「自分のために流してくれた」と思えるかどうかです。

私は「僕は将来、ルパン三世になるんだ」と思っていたぐらい、『ルパン三世』の大ファンです。

作者のモンキー・パンチさんとは、ご自宅に行ったり、食事をごちそうになる間柄でした。

モンキー・パンチさんのお葬式に行った時も、私の中では「モンキー・パンチさんは隠れた作業をするために死んだふりをしているんだ」と思っていました。

「献花のBGMは『炎のたからもの』しかない。BGM係を僕にやらせてほしい」と、すでに心の中で「自分ごと」になっているのです。

そんなことを考えながら献花に行くと、ＢＧＭが突然、『炎のたからもの』に変わったのです。

私はその時、「自分のために流してくれた」と思いました。

偶然と言えば偶然です。

その偶然を「自分のため」と運命に思える人が一緒に仕事をしたい人になるのです。

一生仕事に困らないために

71

めんどくさい仕事を、「この仕事は、自分のためにある」と考えよう。

あとがき

72

天職を探さない。出会った仕事が、天職だ。天職とは、働き方にある。

いまだに天職を探している人がいます。

天職は、ないのです。

出会った仕事が天職です。

その話をハローワークの人にしたら、「それを筆で書いてください。ここに貼っときますから」と言われました。

ハローワークに来る人は、さんざん仕事を選んでいます。

「私は前の会社で部長をやっていたので、それに見合った仕事をください」と言うのです。

部長は仕事ではなく、役職です。

「どんな仕事をしたいですか」と聞かれて、「部長をしたい」と言うのはおかしいのです。

天職は、職業ではありません。

働き方です。

生き方です。

仁禮彩香さんの小学校は、どんな授業をするかは生徒が考えます。

作文のお題も生徒が考えます。

通常、小学校の文集とかでは「将来なりたい職業」という作文を書きます。

仁禮さんの小学校では、「将来どんな人になりたいか」という作文です。

「どんな人になりたいか」と「どんな職業になりたいか」は、違います。

50代の人に「どんな職業になりたいか」と言うのはおかしいのです。

「僕も中谷さんみたいに作家をしながら役者もやりたいな」と言う人がいました。

その人は56歳です。

56歳からそういうことが言える楽天的なところは、凄いのです。

「もう50代だから、今からなりたい職業といっても……」と言う人がほとんどです。

なりたい職業は限られていいます。

「どんな人になりたいか」は、「こんな人になりたい」と決まれば今すぐなれるのです。

天職は、どんな働き方をしたいかです。

天職を探すというのは、職種や会社、業種を探すことではありません。

今いるところで、どんな働き方をするかです。

これは上司に関係なく、自分で選んで試すことができるのです。

一生仕事に困らないために

72

「どんな働き方をしたいか」で、考えよう。

『美人は、片づけから。』【文庫】
『いい女の話し方』【文庫】
『「つらいな」と思ったとき読む本』【文庫】
『27歳からのいい女養成講座』【文庫】
『なぜか「HAPPY」な女性の習慣』【文庫】
『なぜか「美人」に見える女性の習慣』【文庫】
『いい女の教科書』【文庫】
『いい女恋愛塾』【文庫】
『「女を楽しませる」ことが男の最高の仕事。』【文庫】
『いい女練習帳』【文庫】
『男は女で修行する。』【文庫】

【ぱる出版】

『粋な人、野暮な人。』
『品のある稼ぎ方・使い方』
『察する人、間の悪い人。』
『選ばれる人、選ばれない人。』
『一流のウソは、人を幸せにする。』
『なぜ、あの人は「本番」に強いのか』
『セクシーな男、男前な女。』
『運のある人、運のない人』
『器の大きい人、器の小さい人』
『品のある人、品のない人』

【学研プラス】

『読む本で、人生が変わる。』
『なぜあの人は感じがいいのか。』
『頑張らない人は、うまくいく。』
『見た目を磨く人は、うまくいく』【文庫】
『セクシーな人は、うまくいく。』
『片づけられる人は、うまくいく。』【文庫】
『美人力』（ハンディ版）
『怒らない人は、うまくいく。』【文庫】
『すぐやる人は、うまくいく。』【文庫】

【ファーストプレス】

『「超一流」の会話術』
『「超一流」の分析力』
『「超一流」の構想術』
『「超一流」の整理術』
『「超一流」の時間術』
『「超一流」の行動術』
『「超一流」の勉強法』
『「超一流」の仕事術』

【水王舎】

『なぜ美術館に通う人は「気品」があるのか。』
『なぜあの人は「美意識」があるのか。』
『なぜあの人は「教養」があるのか。』
『結果を出す人の話し方』
『「人脈」を「お金」にかえる勉強』
『「学び」を「お金」にかえる勉強』

【あさ出版】

『孤独が人生を豊かにする』
『気まずくならない雑談力』
『「いつまでもクヨクヨしたくない」とき読む本』
『「イライラしてるな」と思ったとき読む本』
『なぜあの人は会話がつづくのか』

【すばる舎リンケージ】

『仕事が速い人が無意識にしている工夫』
『好かれる人が無意識にしている文章の書き方』
『好かれる人が無意識にしている言葉の選び方』
『好かれる人が無意識にしている気の使い方』

【日本実業出版社】

『出会いに恵まれる女性がしている63のこと』
『凛とした女性がしている63のこと』
『一流の人が言わない50のこと』
『一流の男 一流の風格』

【現代書林】

『チャンスは「ムダなこと」から生まれる。』
『お金の不安がなくなる60の方法』
『なぜあの人には「大人の色気」があるのか』

【毎日新聞出版】

『あなたのまわりに「いいこと」が起きる70の言葉』
『なぜあの人は心が折れないのか』
『一流のナンバー2』

【ぜんにち出版】

『リーダーの条件』
『モテるオヤジの作法2』
『かわいげのある女』

【DHC】

ポストカード『会う人みんな神さま』
書画集『会う人みんな神さま』
『あと「ひとこと」の英会話』

【自由国民社】

『「そのうち何か一緒に」を、卒業しよう。』
『君がイキイキしていると、僕はうれしい。』

【青春出版社】

『50代でうまくいく人の無意識の習慣』
『いくつになっても「求められる人」の小さな習慣』

【ユサブル】

『迷った時、「答え」は歴史の中にある。』
『1秒で刺さる書き方』

【大和出版】

『自己演出力』
『一流の準備力』

【海竜社】

『昨日より強い自分を引き出す61の方法』
『一流のストレス』

【リンデン舎】

『状況は、自分が思うほど悪くない。』
『速いミスは、許される。』

【文芸社】

『全力で、1ミリ進もう。』【文庫】
『贅沢なキスをしよう。』【文庫】

【総合法令出版】

『「気がきくね」と言われる人のシンプルな法則』
『伝説のホストに学ぶ82の成功法則』

【サンクチュアリ出版】

『転職先はわたしの会社』
『壁に当たるのは気モチイイ 人生もエッチも』

【WAVE 出版】

『リアクションを制する者が20代を制する。』

【秀和システム】

『人とは違う生き方をしよう。』

【河出書房新社】

『成功する人は、教わり方が違う。』

【二見書房】

『「お金持ち」の時間術』【文庫】

【ミライカナイブックス】

『名前を聞く前に、キスをしよう。』

【イースト・プレス】

『なぜかモテる人がしている42のこと』【文庫】

【第三文明社】

『仕事は、最高に楽しい。』

【日本経済新聞出版社】

『会社で自由に生きる法』

【講談社】

『なぜ あの人は強いのか』【文庫】

【アクセス・パブリッシング】

『大人になってからもう一度受けたい コミュニケーションの授業』

【阪急コミュニケーションズ】

『サクセス＆ハッピーになる50の方法』

【きこ書房】

『大人の教科書』

中谷彰宏の
主な著作一覧

【ダイヤモンド社】

『60代でしなければならない50のこと』
『面接の達人 バイブル版』
『なぜあの人は感情的にならないのか』
『50代でしなければならない55のこと』
『なぜあの人の話は楽しいのか』
『なぜあの人はすぐやるのか』
『なぜあの人は逆境に強いのか』
『なぜあの人の話に納得してしまうのか［新版］』
『なぜあの人は勉強が続くのか』
『なぜあの人は仕事ができるのか』
『25歳までにしなければならない59のこと』
『なぜあの人は整理がうまいのか』
『なぜあの人はいつもやる気があるのか』
『なぜあのリーダーに人はついていくのか』
『大人のマナー』
『プラス1％の企画力』
『なぜあの人は人前で話すのがうまいのか』
『あなたが「あなた」を超えるとき』
『中谷彰宏金言集』
『こんな上司に叱られたい。』
『フォローの達人』
『「キレない力」を作る50の方法』
『女性に尊敬されるリーダーが、成功する。』
『30代で出会わなければならない50人』
『20代で出会わなければならない50人』
『就活時代しなければならない50のこと』
『あせらず、止まらず、退かず。』
『お客様を育てるサービス』
『あの人の下なら、「やる気」が出る。』
『なくてはならない人になる』
『人のために何ができるか』
『キャパのある人が、成功する。』
『時間をプレゼントする人が、成功する。』
『明日がワクワクする50の方法』
『ターニングポイントに立つ君に』
『空気を読める人が、成功する。』
『整理力を高める50の方法』
『迷いを断ち切る50の方法』
『なぜあの人は10歳若く見えるのか』
『初対面で好かれる60の話し方』
『成功体質になる50の方法』
『運が開ける接客術』
『運のいい人に好かれる50の方法』
『本番力を高める57の方法』
『運が開ける勉強法』
『バランス力のある人が、成功する。』
『ラスト3分に強くなる50の方法』
『逆転力を高める50の方法』
『最初の3年その他大勢から抜け出す50の方法』
『ドタン場に強くなる50の方法』
『アイデアが止まらなくなる50の方法』
『思い出した夢は、実現する。』
『メンタル力で逆転する50の方法』
『自分力を高めるヒント』
『なぜあの人はストレスに強いのか』
『面白くなければカッコよくない』
『たった一言で生まれ変わる』
『スピード自己実現』
『スピード開運術』
『スピード問題解決』
『スピード危機管理』
『一流の勉強術』
『スピード意識改革』
『お客様のファンになろう』
『20代自分らしく生きる45の方法』
『なぜあの人は問題解決がうまいのか』
『しびれるサービス』
『大人のスピード説得術』
『お客様に学ぶサービス勉強法』
『スピード人脈術』
『スピードサービス』
『スピード成功の方程式』
『スピードリーダーシップ』
『出会いにひとつのムダもない』
『なぜあの人は気がきくのか』
『お客様にしなければならない50のこと』
『大人になる前にしなければならない50のこと』
『なぜあの人はお客さんに好かれるのか』
『会社で教えてくれない50のこと』
『なぜあの人は時間を創り出せるのか』
『なぜあの人は運が強いのか』
『20代でしなければならない50のこと』
『なぜあの人はプレッシャーに強いのか』
『大学時代しなければならない50のこと』
『あなたに起こることはすべて正しい』

【きずな出版】

『チャンスをつかめる人のビジネスマナー』
『生きる誘惑』
『しがみつかない大人になる63の方法』
『「理不尽」が多い人ほど、強くなる。』
『グズグズしない人の61の習慣』
『イライラしない人の63の習慣』
『悩まない人の63の習慣』
『いい女は「涙を背に流し、微笑みを抱く男」とつきあう。』
『ファーストクラスに乗る人の自己投資』
『いい女は「紳士」とつきあう。』
『ファーストクラスに乗る人の発想』
『いい女は「言いなりになりたい男」とつきあう。』
『ファーストクラスに乗る人の人間関係』
『いい女は「変身させてくれる男」とつきあう。』
『ファーストクラスに乗る人の人脈』
『ファーストクラスに乗る人のお金2』
『ファーストクラスに乗る人の仕事』
『ファーストクラスに乗る人の教育』
『ファーストクラスに乗る人の勉強』
『ファーストクラスに乗る人のお金』
『ファーストクラスに乗る人のノート』
『ギリギリセーーフ』

【PHP研究所】

『自己肯定感が一瞬で上がる63の方法』【文庫】
『定年前に生まれ変わろう』
『なぜあの人は、しなやかで強いのか』
『メンタルが強くなる60のルーティン』
『なぜランチタイムに本を読む人は、成功するのか。』
『中学時代にガンバれる40の言葉』
『中学時代がハッピーになる30のこと』
『もう一度会いたくなる人の聞く力』
『14歳からの人生哲学』
『受験生すぐにできる50のこと』
『高校受験すぐにできる40のこと』
『ほんのささいなことに、恋の幸せがある。』
『高校時代にしておく50のこと』
『お金持ちは、お札の向きがそろっている。』【文庫】
『仕事の極め方』
『中学時代にしておく50のこと』
『たった3分で愛される人になる』【文庫】
『［図解］「できる人」のスピード整理術』
『［図解］「できる人」の時間活用ノート』
『自分で考える人が成功する』【文庫】
『入社3年目までに勝負がつく77の法則』【文庫】

【リベラル社】

『メンタルと体調のリセット術』
『新しい仕事術』
『哲学の話』
『1分で伝える力』
『「また会いたい」と思われる人「二度目はない」と思われる人』
『モチベーションの強化書』
『50代がもっともっと楽しくなる方法』
『40代がもっと楽しくなる方法』
『30代が楽しくなる方法』
『チャンスをつかむ 超会話術』
『自分を変える 超時間術』
『問題解決のコツ』
『リーダーの技術』
『一流の話し方』
『一流のお金の生み出し方』
『一流の思考の作り方』

【大和書房】

『いい女は「ひとり時間」で磨かれる』【文庫】
『大人の男の身だしなみ』
『今日から「印象美人」』【文庫】
『いい女のしぐさ』【文庫】

本の感想など、どんなことでも、

あなたからのお手紙をお待ちしています。

僕は、本気で読みます。

中谷彰宏

〒162-0056　東京都新宿区若松町12-1
青春出版社気付　中谷彰宏 行

※食品、現金、切手などの同封は、
ご遠慮ください（編集部）

中谷彰宏は、盲導犬育成事業に賛同し、この本の印税の一部を（公財）日本盲導犬協会に寄付しています。

著者紹介

中谷彰宏（なかたに　あきひろ）
1959年、大阪府生まれ。早稲田大学第一文学部演劇科卒業。84年、博報堂入社。CMプランナーとして、テレビ、ラジオCMの企画、演出をする。91年、独立し、（株）中谷彰宏事務所を設立。ビジネス書から恋愛エッセイ、小説まで、多岐にわたるジャンルで、数多くのベストセラー、ロングセラーを送り出す。「中谷塾」を主宰し、全国で講演・ワークショップ活動を行っている。

中谷彰宏公式サイト
https://an-web.com/

50代《だい》「仕事《しごと》に困《こま》らない人《ひと》」は
見《み》えないところで何《なに》をしているのか

2021年 7 月20日　第 1 刷

著　　者　中《なか》 谷《たに》 彰《あき》 宏《ひろ》

発 行 者　小 澤 源 太 郎

責 任 編 集　株式会社 プライム涌光
電話　編集部　03（3203）2850

発 行 所　株式会社 青春出版社
東京都新宿区若松町12番 1 号 〒162-0056
振替番号　00190-7-98602
電話　営業部　03（3207）1916

印　刷　中央精版印刷　　製　本　フォーネット社

万一、落丁、乱丁がありました節は、お取りかえします。
ISBN978-4-413-23213-5 C0030

青春出版社　中谷彰宏の好評既刊

いくつになっても「求められる人」の小さな習慣

仕事・人間関係で差がつく
60のこと

ISBN 978-4-413-23126-8 1350円

50代でうまくいく人の無意識の習慣

仕事も人生も好転する
61の気づき

ISBN 978-4-413-23167-1 1350円

お願い ページわりの関係からここでは一部の既刊本しか掲載してありません。折り込みの出版案内もご参考にご覧ください。

※上記は本体価格です。（消費税が別途加算されます）
※書名コード（ISBN）は、書店へのご注文にご利用ください。書店にない場合、電話またはFax（書名・冊数・氏名・住所・電話番号を明記）でもご注文いただけます（代金引換宅急便）。商品到着時に定価＋手数料をお支払いください。〔直販係　電話03-3203-5121　Fax03-3207-0982〕
※青春出版社のホームページでも、オンラインで書籍をお買い求めいただけます。
ぜひご利用ください。〔http://www.seishun.co.jp/〕